新时代高校立德树人方法与实践研究

常 靖 / 著

吉林大学出版社

·长 春·

图书在版编目（ＣＩＰ）数据

新时代高校立德树人方法与实践研究/常靖著.—
长春：吉林大学出版社，2023.10
ISBN 978-7-5768-2430-8

Ⅰ.①新… Ⅱ.①常… Ⅲ.①高等学校—德育—研究
—中国 Ⅳ.① G641

中国国家版本馆 CIP 数据核字（2023）第 211768 号

书　　名　新时代高校立德树人方法与实践研究
　　　　　XINSHIDAI GAOXIAO LIDE SHUREN FANGFA YU SHIJIAN YANJIU

作　　者　常　靖　著
策划编辑　张文涛
责任编辑　蔡玉奎
责任校对　王宁宁
装帧设计　马静静
出版发行　吉林大学出版社
社　　址　长春市人民大街 4059 号
邮政编码　130021
发行电话　0431-89580028/29/21
网　　址　http://www.jlup.com.cn
电子邮箱　jldxcbs@sina.com
印　　刷　北京亚吉飞数码科技有限公司
开　　本　710mm×1000mm　1/16
印　　张　14.25
字　　数　240 千字
版　　次　2024 年 4 月　第 1 版
印　　次　2024 年 4 月　第 1 次
书　　号　ISBN 978-7-5768-2430-8
定　　价　86.00 元

前　言

　　高校德育工作是以立德树人为根本目标,致力于加强大学生队伍的道德素质教育,使大学生树立崇高的理想信念。中国特色社会主义现代化建设不仅仅是高校德育工作的既定目标,也是当代大学生的一项历史使命。面对新时代的这一要求,高校的德育工作需要充分挖掘德育资源,树立与时俱进的创新理念。当前,高校德育工作的有效开展不但能使大学生在复杂的社会环境中勇挑重担,抵制错误思潮,提高道德辨别的能力,还能让大学生铭记历史责任,提高大学生的思想水平,为全社会实现第二个百年奋斗目标提供道德支撑。

　　本书共有八章。第一章绪论首先对立德树人的内涵、立德树人理念下的大学生人格与素质发展、大学生德育的过程与规律进行探讨,为下文的展开做好铺垫。第二章研究了高校德育理论,涉及德育内涵、理论依据、环境与实践。在上述章节内容的基础上,第三章探索了新时代高校立德树人之精髓:以文化人,内容包括中华优秀传统文化及其融入高校德育教育的必要性、内容与路径。第四章分析了新时代高校立德树人之保证:与法同行,涉及法治教育的一般理论、高校大学生法治教育的历史回溯与教育现状、高校大学生法治教育价值取向与知识体系建构、大学生德育贯彻法治精神的新思路。第五章针对新时代高校立德树人之基石:以心育人进行论述,在分析大学生心理健康教育相关内容后,探讨了大学生常见心理问题与表现、大学生德育中的心理问题调适策略。第六章分析了新时代高校立德树人之主导:以德正人,这部分主要针对高校德育教师的专业发展情况展开探索。第七章研究了新时代高校立德树人之延伸:以美育人,包括美育基础知识、中国美育思想的产生与发展、大学生以美育德的实践路径。第八章为本书的最后一章,从多维实践角度探索了新时代的高校立德树人,如网络环境、校园环境、院校管理下的高校德育工作实践。

通过本书,作者希望把自强刚健的人格情操、天人和谐的人格修养、忠贞爱国的人格抱负等道德价值观融入高校德育教育体系中,充实大学生的道德人格内涵,创新大学生道德人格培育方式,帮助大学生形成新时代人才观,同时构建社会平台,形成合力推进传承工程,发挥社会实践的教育影响力,培养新时代合格人才。

在本书的撰写过程中,作者不仅参阅、引用了很多高校立德树人的相关文献资料,而且得到了同事亲朋的鼎力相助,在此一并表示衷心的感谢。由于作者水平有限,书中疏漏之处在所难免,恳请同行专家以及广大读者批评指正。

作　者

2023 年 3 月

目　录

第一章

绪 论

　　"培养什么人、怎么培养人"是我国社会主义教育事业发展中必须要解决的根本性问题。而"立德树人"的理念恰好回答了这一问题,具有划时代的意义。其明确了教育的使命,抓住了教育的本质,与教育规律、人才培养规律相契合。大学生正处在世界观、人生观、价值观形成的关键时刻,立德树人教育更具有紧迫性。本章作为开篇,首先对立德树人的相关内容展开分析和探究。

第一节 立德树人的内涵

在中华文明发展的初期,"道""德"二字便已有其雏形,不过二者具体含义不同,一般作为两个概念使用。"道"最早见于甲骨文,本义为道路,在春秋时期上升为哲学范畴,指事物运动变化所必须遵循的普遍规律,也指代万物的本体。孔子在《易大传》中强调"形而上者谓之道",将人应该遵守的规律规定为道德伦理,这种规定逐渐使儒家前期孔孟所讲的"人道"升华为一种以仁义道德为内容,以天理自然为依据,讲求普遍真理的天人合一之道。大部分学者认同"德"字的出现是武王克商的结果,一般认为"德"即视而有所得、目而有所见之意,强调获得、取得之意,而并非后世所言"道德"一词中"德"所含之意。学界一般认为将"道德"二词连用,合为一词而作为一个范畴使用,始于儒家荀子的《劝学》篇:"故学至乎礼而止矣,夫是之谓道德之极";《强国》篇:"故赏不用而民劝,罚不用而威行,夫是之谓道德之威"。而传统道家在战国后期的著作中也出现了"道德"一词,如《天道》篇说:"寂寞无为者,天地之平而道德之至",天地本系二名,联为一词;道德亦本系二名,亦联为一词,因此,到战国后期,不论是儒家还是道家,都将"道德"二字联用,到汉代以后,道德已成为一个流行的名词①。随着时间推移,道德在社会生活中逐渐形成了丰富的内涵,指代的含义也越来越广泛,除了被用作调整人际关系的行为规范以外,也被用来代指修养、品德、风俗习惯等②。《现代汉语词典》将道德一词解释为:"一种社会意识形态,作为人们社会生活和行为的指导方针和标准,通过人们自我约束和社会舆论起到调节作用。"③这一概念体现出道德对公民行为的导向作用,道德准则通过

---

① 张岱年.中国伦理思想研究[M].北京:中国人民大学出版社,2011.
② 卢德平.中华文明大辞典[M].北京:海洋出版社,1992.
③ 中国社会科学院语言研究所词典编辑室.现代汉语词典[M].北京:商务印书馆,2005.

约束人们的观念、品质、行为在社会生活中发挥了积极的引导作用。公民遵守道德的主要目的是通过规范自己行为，降低对他人产生伤害的风险，从而促进社会和谐健康发展。中国道德理念经过两千多年的历史发展演进，其过程中形成诸多道德规范和德行规则，并覆盖全民的德育思想。自汉代以来的中国古代社会，道德便是构建整个社会的核心元素，其提倡的"三纲五常"（"三纲"即父为子纲、君为臣纲、夫为妻纲，"五常"即仁、义、礼、智、信）始终是中国古代道德体系中的最高原则和中枢规范。

显然上述已经对道德的概念进行了分析，那么什么是"立德树人"呢？"立德"一词见于《左传·襄公二十四年》中，但是在这本书中，"立德"的概念是"树立德业"。"树人"这一词最早见于《管子·权修》一书中，其体现出人才培养的意义。两个概念经历时代变迁，终于结合在一起。

在新时代，立德树人的内涵非常丰富，不仅是当前时代对人的发展的要求，也是中华民族实现伟大复兴的重要层面。立德树人教育包括了教育目的、教育手段等，将教育当前面临的关键问题呈现出来，为教育的发展指明了方向。

3

第二节　立德树人理念下的大学生人格与素质发展

一、品德与人格的关系

立德树人教育是为了培养当代大学生的品德，也是对大学生的人格进行塑造。显然，品德与人格有着密切的关系。

作为一个人的道德素质，品德是一个人个性的展现，而这里所谓的个性就是人格。因此，品德是人格的一项重要内容，是人格中的核心部分。正因为如此，人们在日常生活中常常将二者等同。例如，有时候说某些人人格低下，其实说的就是他/她的品德低下。这是从狭义层面对人格做出的理解。

从心理学意义上说，人格就是人的个性，是一个人心理特征的综合。

人格的结构具有多层次性,是由复杂的心理特征组成的一个整体。

对于一个人来说,品德与人格是相互依存的。品德是一个人的道德品质,是根据一定的规范与道德原则所表现出的心理倾向,是个体与外部环境相互作用的产物,如果没有人的性格与气质等因素,品德也就无法形成。相反,如果没有品德的形成,人格也就没有了灵魂与方向。因此,立德树人教育所要培养的大学生的品德就不仅限于反映社会意识的道德品质,还包括个人心理品质,这样才能使大学生塑造出完善的人格。

二、立德树人与大学生人格的形成

在人格的各个因素中,气质是由遗传因素决定的,具有相对的稳定性,是人格形成的基础和条件。性格则是将一定的气质作为基础,在个体与外部环境交互的过程中形成稳定的行为与态度。性格是人格的中心。因此,培养大学生的思想品德就不能仅限于社会意识的灌输,更要注重大学生人格的培养,从而促进社会主流与大学生人格之间的融合。

(一)人格的培养

人格的形成并不是一个自然增长的过程,而是一个矛盾运动的过程。人格的内部要素之间以及个体与社会影响因素之间存在着复杂的关系。例如,有的学生在学校被评为"劳动积极分子",但是在家里却什么都不愿意做。为什么一名学生在学校和家里存在如此大的差别,原因不在于什么"双重人格"的存在,而是在他人格形成的过程中,受到了内外因素的影响。学校对学生展开劳动教育,要求学生要热爱劳动,积极参加劳动,这时候学校和教师会给予学生表扬。相比之下,这些学生在家庭里,家长的目的主要是为了孩子读书,因此并不要求孩子劳动,不让孩子参与家务劳动,一切家务都是家长全权负责,这样就导致同样一名学生,他们在学校和家庭的人格表现不同。

这就说明,要想塑造大学生完善的人格,就必然需要仔细分析他们在人格形成的过程中所受到的内外因素的影响,从而针对性地采取措施,使这些因素、矛盾向着积极的层面转化。

人格的培养有助于巩固个体已经形成的品德心理,也可以纠正个体形成的一些不良品德。也就是说,个体形成的道德品质是好是坏,受主客观、内外部因素的影响和制约。人格特征是其中的一个重要影响因素。如果个体形成了积极的人格特征,那么他在待人接物的时候必然能够表现出良好的言谈举止,这样就能够被外界接纳,也在客观上为自身良好品德的形成创造了条件。

（二）立德树人理念对人格形成的作用

影响人格形成的因素一是外部环境,二是学生自我感知与教育等。人在与客体进行交往的过程中往往能够认识自我,认识自我与客体之间的关系,从而进行自我观察与调节。正是因为人们都具有这种自我意识与自我教育,加上每个人的主观世界存在差异,因此每一名学生都会用自己的方式对待外部环境。

上述两个因素第一个因素就是进行德育教育,第二个因素就是进行自我教育,当然自我教育的结果也是德育教育的结果,是进一步塑造人格的动力和条件。学生进行自我教育,能够不断提升他们的上进心。

从以上的分析中可以看出,德育的本质是教育者根据社会的要求,把一定的社会意识转化为受教育者的思想品德。德育是教育的一个有机组成部分,是首要的教育活动。德育培养的受教育者的品德包含反映社会意识的道德品质、政治品质和思想品质,也包含个性心理品质。因此,德育的实质是塑造人格。

第三节　大学生德育的过程与规律

德育存在一定的规律,只有对德育的规律进行把握,才能实现德育目的与德育的实效性。那么大学生成长的规律和时代特点是什么？在德育规律的认识和把握上存在一些什么问题？这是本节需要重点论述的内容。

一、大学生德育过程

德育过程是一个相对独立的教育过程,贯穿于德育活动始终,有其自身形成的特点和发展规律,它与人的成长、发展有着密切的关系。

(一)学生品德的形成受到学校、社会、家庭等外在因素综合影响

人作为社会中的人,人的本质是一些社会关系的综合。人们的品德正是在社会这个大环境中形成与发展的。因此,品德并不是先天形成的,而是人们后天在社会的影响下形成的,并且在社会交往与社会实践过程中,受到社会政治、社会经济、社会文化等层面的影响和制约。

另外,由于学生所处的社会环境,其中包括学校、家庭的不同和学生自身修养的不同,必然导致不同的学生,其品德的形成与发展是不同的。即便是同一名学生,在不同的时期他们的品德形成也可能是不均衡的。

(二)学生品德的发展是个体知、情、意等内在认知运动的结果

按照教育学、社会学、心理学的有关知识,我们可以做以下归纳:人们在学习、接受、实践一种理论、思想的过程中,应表现为四个环节,即认识、情感、信念和行为,也就是我们通常所说的知、情、意、行。这四个环节是相互影响、辩证发展的过程。

大学生的认知是德育的第一阶段,在这一阶段,主要将大学生的理性思维作为主导,通过参加课余活动,提升自己的实践能力,从而产生对德育思想的认同。在这一阶段,教师应该以生动的手段对德育进行科学阐述,调动学生学习的热情和积极性。

大学生的情感反应是德育的第二阶段。在这一阶段,情感主要来自认知,而情感的丰富又可以对认知加以强化和发展,使认知的广度与深度不断加深。当前,学生逐渐形成爱国主义、集体主义、美感等情感,并且逐步形成对人生理想、社会政治问题的思考,这为大学生德育教育创造了条件与基础。而情感的应急因素主要来自社会环境与社会实践。社会上存在的一些不良现象会直接影响大学生的情感,甚至会导致大学生情感的波动。在这一阶段,教师应该科学、发展地帮助学生分析问题,

从而逐步将德育理论转化成大学生认识各种社会现象的依据,从而对他们的实践活动进行指导。

大学生信念和思想方法形成是德育的第三个阶段。高校的重要责任就是通过行之有效的方法帮助大学生形成科学的世界观、人生观、价值观。客观来说,这种形成不可能是一蹴而就的,更不能仅仅通过考试来获得,而是需要在长期的社会实践中逐步形成。在这一阶段,教师应该引导大学生将德育的科学方法论和价值导向与个人成才发展结合起来,从而指导大学生的人生实践。

二、大学生德育的规律

规律是事物本身所有的内在联系。大学生德育的规律是什么?对于这一点,人们已经进行了深入研究,提出了很多见解。也就是说,大学生德育是有规律可循的,我们对德育实效性加以研究的目的就是为了把握德育教育的规律,以用于指导德育教育的具体实践。

(一)德育是教育者、受教育者和环境共同起作用的过程

德育过程是由多个因素构成的,其中主要涉及三个因素:教师、学生与环境,这三个因素是最基本的因素。因此,德育过程的规律首先是这三个因素之间的相互作用的结果,或者说是三个因素共同起作用的结果。那么教师、学生、环境到底如何起作用呢?

1. 教师处于主导地位

教师在德育教育中发挥着重要作用,而且要想德育发挥实效性,教师在其中起着重要的作用,教师需要引导学生把握德育规律,学会用德育规律进行学习和工作,将德育贯穿于自己生活和工作之中。

2. 大学生处于主体地位

大学生是德育的教育对象,处于被教育的地位,但这并不意味着大学生仅仅处于消极被动的地位,换句话说,在德育过程中,大学生应该发挥积极主动的主体作用。学生主体作用发挥如何直接与德育教育的质量和效果相关。

3. 环境发挥重要作用

好的环境对学生品德形成至关重要。例如,家庭环境影响学生的道德品质、性格爱好、道德思想等,这种影响有时候超过了学校和社会。因此,我们不能小看环境的作用。

(二)德育是以循序渐进的方式促进大学生品德发展的过程

大学生德育教育的最终目标是培养大学生完善的人格,这显然与中小学德育的目的不同,应该有明确的区分。

1. 德育的起步——大学生的认知

认知是客观事物及其规律在人的头脑中的主观反映,是品德形成的前提和基础。认知是人们对于善恶美丑进行评价的前提。认知的来源主要有两个,一是实践,二是间接实践。因此,在德育形成过程,提高大学生对道德的认知非常重要。当前,一些大学生出现一些不道德的行为,并不是一开始有意这样做,而是他们缺乏对道德的认知所造成的。

2. 德育的媒介——大学生的情感

情感具有两极性,表现为肯定的情感与否定的情感。情感的作用也有积极的和消极的之分,积极的情感如爱国情感,可以激发个体的爱国情怀,消极的情感则会让人感到低沉。因此,应该激发大学生积极的情感,努力克服消极的情感,这是德育的重要媒介。

3. 德育的升华——大学生的信念

信念在人的品德形成中作用巨大。所谓信念,即人们对一定的社会理想、人生理想的真诚信仰,是人们自觉遵循的观点与思想。信念是人们认识与情感的升华,是感情化的认知。信念是一种精神力量,是人生观形成的前提和基础。一个人具备坚定的信念,是一个人品德思想成熟的标志。大学生的信念与世界观、人生观的形成是一致的,属于同一个过程。

信念是大学生品德形成与发展的重要层面。大学生德育教育的目的之一就是让大学生树立坚定的信念。对大学生展开的一切教育,最终都是为了形成信念。尽管这种转化的过程非常困难,但是只要坚信人类社会必然会走向光明。

4. 德育的成果——大学生的行为

行为是经历了人的认识、情感、信念之后所采取的实际行动。行为与实践二者是相通的,其表现出的是人们对外在世界、客观事物的改造。行为是构成人格素质的一项重要因素,是对人类品质优劣进行衡量的重要标志。一个人的思想品质如何,不是看他的言论如何动听,而是看他的行为是否与社会要求相符合。

由于大学生成长环境和受到的教育不同,有的人能够做到言行一致,但是有的人做不到。具体到每一名学生思想品德的成熟过程,也是一个知行一致与不一致的矛盾过程。因此,大学德育的目标,就是引导他们完成从知到行的转化,不断地产生正确行为,并形成良好的行为习惯,进而形成良好的品德。

第二章

高校德育理论概述

随着时代的发展,大学生德育教育的重要性日益凸显。国家的发展离不开人才的培养,而人才的培养在一定程度上需要重视德育知识的渗透。只有所培养的人才具有较高的德育水平,才能真正为国家的发展贡献自己的力量。本章对高校德育理论展开分析。

第一节　德育的内涵

一、德育的含义

多年来,我国的教育理论工作者对德育本质属性的研究成果,加深了人们对德育本质的认识。1985 年董纯才等人主编的《中国大百科全书·教育》认为: 德育是"把一定社会思想和道德转化为个体的思想意识和道德品质的教育"[①]。1990 年顾明远主编的《教育大辞典·教育学》卷的释义为 :"德育旨在形成受教育者一定思想品德的教育。在社会主义中国,包括思想教育、政治教育、道德教育。"[②]2002 年,鲁洁、王逢贤主编的《德育新论》表述为"德育是教育者根据一定社会和受教育者的需要,遵循品德形成的规律,采用言教、身教等有效手段,在受教育者的自觉积极参与的互动中,通过内化和外化,发展受教育者的思想、政治、法制和道德几方面素质的系统活动过程"[③]。

广义的德育是指在政治、思想和道德方面对社会成员施加影响的所有有目的、有计划、有组织的活动,包括社会道德教育、社区道德教育、学校道德教育和家庭道德教育。他们相互影响、相互配合,开展协同育人。

狭义的德育特指学校道德教育,是指教育者根据一定社会或阶级的要求,根据受教育者品德形成和发展的规律和需要,有目的、有系统地对受教育者施加思想影响的教育活动,并通过受教育者的积极的知识、经验和实践,使他们形成一定社会和阶级所要求的道德品质,即教育者有目的地培养受教育者道德品质的活动。本书中所涉及的德育概念主要指狭义的德育。

德育隶属思想政治教育范畴。思想政治教育是以人的思想观点、政

---

① 董纯才,等 . 中国大百科全书·教育 [M]. 北京: 中国大百科全书出版社,1985: 59.
② 顾明远 . 教育大辞典·教育学 [M]. 上海: 上海教育出版社,1990: 244.
③ 鲁洁,王逢贤 . 德育新论 [M]. 南京: 江苏教育出版社,2002: 128.

治观念、道德品质的形成与发展为研究对象,通过有目的、有计划的教育,以提高人的思想观念、政治素养、道德素质。德育是通过施加有目的、有计划的教育,提高人的道德品质,可见,德育与思想政治教育二者其实是大概念和小概念的区别。按照我国意识形态体系的建立标准,思想政治教育中包含了德育的内容。当前,思想政治教育的根本任务是"立德树人",这就要求我们必须坚持德育为先,德育在思想政治教育中的地位不言而喻。

二、德育的本质属性

德育是教育的一个组成部分,它也和其他组成部分一样是教育者根据一定社会的要求,有目的、有计划地培养人的活动。在整个教育组成部分中,德育之所以能与智育、体育、美育等教育并列,取得长期独立存在的资格和地位,就是由于它的特殊本质属性所决定的。只有揭示德育的特殊本质,才有助于进一步认识和运用教育的普遍规律和德育的特殊规律。按照辩证的思维方法,认识事物的特殊性就是要认识该事物内部的特殊矛盾。事物的特殊矛盾构成是事物区别于其他事物的特殊本质。德育过程是教育者与受教育者共同参与的、实现一定德育目标的教育活动过程,该过程的主要矛盾是教育对象思想品德发展现状与德育目标要求之间的矛盾。德育过程就是这个矛盾不断产生和不断解决从而使教育对象的思想品德不断发展的过程,这个特殊矛盾也就是德育在本质上区别于其他各育的根据。

第二节　高校德育工作的理论依据

一、西方德育相关理论

西方的德育理论层出不穷,在不同的阶段有着不同的研究重点,本书选择了实用性较强、国内研究较多的几个德育理论加以介绍。

（一）杜威实用主义德育理论

约翰·杜威是美国著名的哲学家、教育家和心理学家，是实用主义最具有影响的代表人物之一。他在德育理论和实践方面有许多独到建树，特别在学校德育方面影响很大。杜威德育思想的主要内容：（1）"教育即生活"。杜威认为教育源自生活，生活当中时时处处都存在教育；并且一切道德都是社会性的，学校环境也是社会环境的一部分，因此要利用好社会环境对学生开展教育。（2）活动式教育方法。传统的教育方式往往采用填鸭式方法，通过教材将观念死板地强加给学生，杜威认为课本中那些规定的学习内容，已经不符合学生的基本需求。他主张从做中学，从学中做，反对传统的死板的道德规范的教育方式，他重视道德教育过程中的积极作用，重视道德培养获得的过程而非最终结果。

（二）柯尔伯格认知发展理论

被誉为"现代道德认知发展理论之父"的美国著名德育理论家、德育心理学家柯尔伯格是道德认知发展理论的创立者，柯尔伯格致力于儿童道德判断力发展的研究，提出了著名的"三水平六阶段"的道德发展理论体系。

柯尔伯格道德认知发展理论的主要内容：作为教育者不能以教育者的权威向人们灌输道德观念，直接教给人们道德判断的方法并不合适，只有当人们遭遇到某种道德上的冲突引起道德认知的变化才是最佳途径。柯尔伯格还强调帮助被教育者找到道德冲突的原因并寻求解决这一矛盾的新方法是德育教育者的主要任务。社会环境对人们道德发展所起的作用是巨大的，我们要重视社会环境对学生的影响，这是道德教育必要的条件。

（三）价值澄清理论

价值澄清理论是20世纪美国最有影响的道德教育理论之一，其主要代表人物是路易斯·拉思斯，悉尼·西蒙和梅里尔·哈明。价值澄清理论的主要内容：由于社会的急剧变化导致价值观念的多样化，新的媒介进入学生的生活领域，妨碍了学生对真假、善恶、美丑的理解，使学生陷入混乱,难以找到合适的生活方式和明确的价值观。拉思斯等人认为人们是通过不断积累的经验来获得发展和学习的,认为现实生活就是一个过程,"发展价值观是个人的终生过程。它并不是在成年早期便一成不变的东西"①,价值会随着经验的发展、成熟而逐渐发展、成熟。价值澄清理论也指出,"价值是个体经验的产物","价值发端于富于变化的生活"②。因此,价值澄清理论倡导的教育方式则是学生可以根据自身的生活经验不断衍生出个人的价值观念。基于这种现状,该理论认为每个人都有属于自己的价值观,价值观是变化的、多元化的、相对的,学校德育的目标之一就是帮助学生学习并掌握价值澄清的方法与策略,提高学生分析、处理各种道德问题与社会问题的能力,从而摆脱混乱的价值观念,获得自身清晰的价值观③。

纵观国外的德育历史,一直比较注重德育理论的研究,使得国外德育的理论研究始终走在时代的前面。西方的这些经典的德育理论,对我国的德育教育和研究产生了重要的启示,对我国的德育工作产生了积极的推动作用。在我国的德育教育中我们应该学会借鉴国外先进的、有益的、适用于中国国情的德育理论,取其精华,弃其糟粕,发挥这些先进理论的指导作用,并将其应用到学校德育教育中,以便更好地指导德育实践,切实提高德育实效性。

二、中国德育相关理论

(一)中国古代德育相关理论

我国具有悠久的道德教育传统,素有"礼仪之邦"之称,前人留下了丰富的德育思想遗产。我国是一个非常重视道德教育的国家,德育在我国教育史上一直占有非常重要的地位,古代先贤们曾提出过许多具有价值的德育思想。以下就先秦至明清时代较典型的德育思想理论进行简单而系统的介绍。

① 路易斯·拉思斯.价值与教学[M].杭州:浙江教育出版社 2003:34
② 路易斯·拉思斯.价值与教学[M].杭州:浙江教育出版社 2003:36
③ 丁敬军.价值澄清理论对我国高校德育的启示[D].北京:中国地质大学,2013:2.

15

1. 先秦时期的德育理论

春秋战国时期,是中国古代伦理思想及德育理论的形成时期。在先秦各家的德育理论中,最为系统和丰富的当属儒家思想,主要代表人物有孔子、孟子和荀子。孔子作为中国古代伟大的教育家,他的思想至今仍影响深远,对中国教育思想有着重大的贡献,特别是在德育理论方面,建树卓著。第一,孔子认为德育是治国安邦的根本,把德育放在培养人的首位,他在对学生的具体要求和教育内容上,都突出了德育。第二,在德育内容方面,孔子把"仁"和"礼"当作核心内容。"礼"是调整社会关系的基本准则,"仁"则是包含在这些基本准则中的基本精神。第三,孔子在自己的教育实践中总结出了一套行之有效的德育原则和方法。孟子将孔子提出的道德概念规范化,对我国封建社会德育理论的形成有贡献巨大。孟子提出,德育的目的是"明人伦"即使人懂得人与人之间的关系;德育的作用就是让人恢复其本有的善性。荀子也非常重视德育,主张把"礼论"作为德育的中心内容,他认为"礼"是治国平天下的根本。

2. 汉唐时期的德育理论

汉唐时期是我国封建社会的兴盛时期,在这一时期,儒家的德育思想随着封建政治经济的发展也有很大发展,并走向完善。这个时期的主要代表人物是贾谊和董仲舒。贾谊非常重视德育,他在德育上体现的是:忠、信、义、礼、孝、仁。董仲舒则发展了儒家的德育内容、原则和方法。在德育内容方面提出了"三纲""五常"思想,在德育原则和方法方面提出"以仁安人,以义正我"等观点,也就是要求人们养成严以律己、宽以待人的品行;经常反思剖析自己;还将德育与智育相结合,培养德才兼备的人。

3. 宋至明清时期的德育理论

北宋以后,社会矛盾更加尖锐,农民起义不断涌现。德育的主要代表人物为朱熹,其对道德修养及德育的地位和作用,提出了自己关于德育的理论和主张。朱熹热衷于教育工作,教育经验丰富,他认为德性是一个人的重要品质,对各方面影响巨大。他始终把德育放在学校教育的重要地位,对封建社会的德育理论与实践贡献突出。他认为,每个人都有与生俱来的善性,但是经常会被隐藏起来,通过适当的启发和激励,可以使受到隐藏的善性得以复现。在德育中,能动作用是非常关键的。因此,他非常重视德育的能动作用。

(二)中国当代德育相关理论

高校德育发展是传统高校德育向现代高校德育转变发展的过程,高校德育的发展要以科学的理论为指导。改革开放以来我国的德育理论的发展同我国的精神文明建设、中国特色社会主义现代化建设的理论密切相关。大体可以分为四个阶段:第一阶段是精神文明建设理论指导下的高校德育理论。在此阶段,邓小平明确提出要把培养社会主义"四有"新人,即"有理想、有道德、有文化、有纪律",提高中华民族的思想道德素质作为社会主义精神文明建设的根本目标。十一届三中全会之后,高校把培养又红又专的人才作为高校德育工作的中心任务:德育内容方面,高校恢复系统的马克思主义理论课,充分发挥马克思主义理论在人才培养中的指导作用;开始对大学生思想特点和教育规律开展研究,通过开展社会实践活动、榜样教育等不断丰富和发展高校德育的理论和实践。第二阶段是中国特色社会主义文化建设理论指导下的高校德育理论。以江泽民为代表的党的领导集体着眼于我国社会主义现代化建设的新形势,提出"建设中国特色社会主义文化"的文化发展战略和"三个代表"重要思想。90年代,我国逐步实现由计划经济向社会主义市场经济的转变,高校大学生价值取向走向多元化,怎样实现高校德育和中小学的一体化、系统化,确定什么样的德育大纲和德育发展战略问题,成为这一阶段高校德育发展理论所要解决的焦点问题。第三阶段是社会主义核心价值体系建设理论指导下的高校德育理论。以胡锦涛为代表的党中央领导集体提出了建设社会主义和谐文化的思想和深化以社会主义核心价值体系为根本推进社会主义文化建设的思想。第四阶段是在以习近平同志为核心的党中央领导集体提出的建设社会主义和谐社会的思想指导下的高校德育理论与实践。伴随改革开放的逐步深入,大学生的价值观和思想呈现出多元化和多样化的特征,给高校德育工作带来极大的挑战,"问题与对策"成为这一时期研究重点,加强高校德育基础建设,拓宽高校德育的文化领域,增强高校德育的文化底蕴是这一时期高校德育发展的新趋势和方向。

综上所述,在我国德育发展史上,众多的教育理论家和实践家都深刻认识到德育的地位和重要作用,探索并创立了较为完整的德育内容体系,提出了卓有成效的德育原则和方法,这些理论体系和教育方法对我们今天高校的德育具有非常重要的借鉴意义。当前,世界上许多国家的高校都开设了孔子学院、中文学院等,国外高校学生通过在孔子学院学习中国语言文字、中国文化来了解中国,学习中国优秀的传统文化。国外高校在进行德育的过程中非常注重学习、借鉴其他国家的优秀思想,这种国际化德育的观念,对我国的德育具有重要启示。反思中国的德育,传统文化很长一段时间内没有被充分利用,部分德育资源在无形中被浪费,这也是我们德育应该改进的地方。中国传统德育文化是宝贵的精神财富,我们应该重视这些宝贵的德育资源,重视它们在德育中的作用,真正发挥我国传统文化的优势,采取适当的方式和手段,将其运用到德育的过程中,提高德育的效果。

第三节　高校德育工作的环境与实践分析

一、高校德育工作的环境分析

德育是一个科学的系统工程,它依赖于教育学、社会学、心理学等诸多学科理论知识的支持。同时,德育也受到社会大环境、校园小环境、教职工素质、个人成长经历和自我心理环境的诸多影响。要实现德育的实效,达到目的,就必须客观分析大学生德育的环境因素,并且遵循大学生品德发展的规律来实施德育。

(一)社会经济活动方式的新变化对德育的冲击

改革开放以来,我们国家实行了社会主义市场经济体制,由此而形成了一些新的社会经济活动方式,比如经济成分的多样化、分配方式的多样化,过去我们讲社会主义、共产主义,面对的是公有制的前提,几乎看不到其他经济成分,而现在在公有制的基础上又出现了多种经济成分,分配原则由过去的按劳分配转变为按生产要素分配,现实社会生活中出现了贫富差距、分配不公等现象,面对这些新的社会问题,青年学生出现了理想、信念的迷茫,甚至对思想政治教育产生了一定的阻抗。

（二）社会信息活动方式的新变化对德育的冲击

21世纪人类最伟大的贡献是计算机科学的突破和信息网络化的出现,当今的大学校园已不再是过去的象牙塔内的封闭世界,学生也不再是"两耳不闻窗外事,一心只读圣贤书",国内外各种社会政治、经济、文化的信息随时在学生中传播与交流,古今中外各种哲学理念、文化思潮以及由此而形成的价值导向对大学生形成了一波又一波的冲击。当今的大学生不会简单地去接受某一种思想、观念的灌输,他们在思考,在比较。传统的思想教育内容、方式在各种思潮的冲击中显得有些无力与僵化。

（三）社会文化活动方式的新变化对德育的冲击

随着科学技术的日新月异和经济建设的飞速发展,我们身边的文化生活发生了量和质的变化,人们在享受着丰富多彩的文化活动方式和先进的活动设施带给我们的快乐的同时,感受到了社会进步与现代文明。但我们必须关注的是,掩盖在经济繁荣和生活方式多样化霓虹灯背后的黄、赌、毒、迷信、官员腐败等社会丑恶现象和西方腐朽、堕落生活方式对大学生造成的负面影响,正如有的老师所言:我们几堂课讲的内容,抵不上一件社会上的坏事的冲击。

（四）大学生自我角色的变化对德育的冲击

近年来,随着高等教育改革的深化,高校实行了收取一定的培养费用制度,虽然说学生所交学费仅为其全部培养费用的一小部分,但毕竟与以前有所不同。同时,学生毕业时学校不再包分配,而转为就业指导与服务,学生在学校的帮助下,双向选择谋取职业。这些现实,都使学生的自我角色发生了微妙的变化。学生的维权意识日益突出,学生希望在对等的前提下接受学校管理与教育,希望得到学校方方面面更好的服务。学生特别反感居高临下的管理者和教育者,对一些僵化的、脱离实际的思想教育则形成心理阻抗。对此,我们应进行客观的分析,在对学生进行积极引导的同时,也要看到传统的思想教育模式和教育内容已滞后于社会的发展,需要进行改革,以实现德育实效性目标的要求。

影响学生接受教育效果的因素主要有:学校综合环境(人文环境、校园环境、学生班级或宿舍风气等)、教师素质能力(思想境界、理论水平、教授方法等)、成长经历(成长挫折、家庭条件、社会应激事件的影响等)。而市场经济的社会背景又对以上因素和受教育个体产生正向或负向的影响。

二、高校德育工作的实践分析

"00后"大学生思政教育话语的123模式:

"1"即一个立足点——立足本科高校立德树人的育人理念,是落实中共中央、国务院《关于加强和改进新形势下高校思想政治工作的意见》提出的高校落实三全育人即全员育人、全程育人、全方位育人的体现,更是针对大学生开展各项教育的核心。

"2"是在教育话语的研究中的两个维度:一是教师维度,是从教师角度思考如何更好地去"教",即针对不同群体选择更合理、更切合大学生思想、心理、行为、言语实际特点的教育思路、教育话语、教育方式和教育评价;二是学生维度,是从学生角度思考选择哪些最容易被"00后"大学生接受和内化的学习资源、学习过程、学习方式和学习媒介。

"3"即3种创新型方法。一是新型课堂教育模式,二是学生积极参与各类实践活动的成绩成果,三是学校、家庭、用人单位及社会的评价。真正让高校的人才培养体现出了从理论到实践、从课堂到竞赛、从校园到社会的综合评价效果。

(一)深化专业实践,培养学生的职业素养

1.学生职业精神培养缺失现象

近年来,随着国家对职业教育的重视和投入,高校的专业建设、课程改革、实训基地建设等硬件方面得到了快速提升,但在学生的职业精

神、人文素质等"软技能"方面,培养效果仍不够理想,主要表现在:

（1）职业技能教育与职业精神培养失衡

部分专业侧重培养学生的理论知识和专业技能,在教学计划上"顾此失彼",制定了健全的职业技能教育课程体系,但关于职业精神培养的相关内容却缺乏针对性和连贯性,有些专业教师将职业精神教育归属为思想政治教育领域的内容,认为应当由思想政治理论教师承担,习惯性地轻视职业精神的培养。此外,职业精神培养与职业技能教育不同,无法通过各类证书、等级考试来鉴定和证明,在"实际效果"上学习成效不易凸显,这也是部分学生对职业精神缺乏足够重视的重要原因。

因轻视职业精神培养,相当一部分学生没有确立职业理想,进入职场时,或树立不切实际、过于远大的理想,或抱着"得过且过"的想法混混日子,给用人单位留下负面的印象。同时,部分学生虽具有较强的工作能力和专业技能,但缺乏团队合作精神,工作态度也不够端正、责任心和敬业精神有所缺失,畏难多怨。职业精神培养中存在的这些问题,将对学生长远的个人成长与发展产生不良的影响,并造成社会大众对高校教育认可度的进一步降低。

（2）实训实习中忽视职业精神的内化

在实训实习过程中,让学生在职业实践的基础上了解、理解和践行职业精神的创新性做法不多。部分专业对学生的岗前教育有所不足,部分学生没有认识到在岗位锻炼中除了学习必要的技能,更重要的是深入了解企业文化和企业精神。

正是思想上的不重视,加上平时养成的不好习惯,有些学生在实训实习中,稍遇阻力便止步不前,事情多一点就开始抱怨,下班后不关水电、不关电脑,打印资料浪费用纸等。然而,学校的指导教师和企业安排的师傅,往往偏重实习纪律、岗位技能方面的指导与管理,也普遍忽略了对消极被动情绪、铺张浪费行为的教育和管理,没有及时制止和督促纠正,致使少数学生的不良行为影响到其他同学。

此外,大学生习惯了大学校园单纯的学习、生活和管理规律,参与社会实际工作时,如顶岗实习等,往往需要一个心理和思想观念转变的过渡期。有些学校没有很好地建立学生与辅导员、实习指导教师、企业师傅等多方沟通的渠道,对学生从学校到企业的环境变化、身份变化和多重价值观引发的思想和心理冲突,缺乏有针对性的疏导教育,对思想稳定和实训实习的预期效果产生不良影响,没能很好地将职业素质和职业精神内化为学生的自主意识和行动。

（3）缺乏职业精神的社会—家庭协同教育

家庭教育是高校学生职业精神培养的重要方面。现今社会，市场经济的快速发展使得追逐金钱和利益成为社会上普遍存在的现象，加之"书中自有黄金屋"的思想仍然根深蒂固，致使家长过于偏重对孩子进行知识的传授和智力的培养，并偏好让孩子接受高中与大学本科的教育。因此，家庭教育往往忽视了职业精神的培养，导致高校教育阶段的职业精神培育缺乏基础。

2. 加强职业技能和职业精神的融合

当前，我国经济社会发展进入新常态，企业对毕业生的需求有了新变化，加快发展现代职业教育也对人才培养也有了新要求。

（1）现代职业教育所要求的职业素养

职业素养指人们从事某种职业所具有的职业理想与信念、职业态度与兴趣、职业责任与纪律、职业技能与情感等。简言之，就是指在执业过程中表现出来的综合品质，包含职业道德、职业技能、职业行为、人文素养等方面。

提升全民职业素养是转变方式、调整结构、改善民生的实际行动，是革故鼎新的根本路径和行动指南，是实现全民族人生出彩、中华民族伟大复兴的一项基础性、战略性工程。近年来，我国出现大范围的"技工荒"现象，从根源上看，还在于劳动者的职业综合素养不足。职业教育担负着社会劳动者观念创新和职业素养提升的重任，当务之急是调整人才培养目标，应以培养学生职业素养为宗旨，在转变全民就业观念、提升整个社会劳动者的素质方面有所作为。

教育部制定印发的《关于深化职业教育教学改革全面提高人才培养质量的若干意见》，提出要改革培养模式，增强学生可持续发展能力，把强化学生职业素养培养放在重要位置。如何使学生通过在高校几年的学习，具备良好的职业素养是高校教育改革的重任之一。近年来的就业形势与高校教育培养领域显现出的问题也表明，加强对学生职业素养的培养是一项迫切而艰巨的任务。

（2）高校学生的培养标准要与社会用人标准对接

高校要想在竞争中求得生存和发展，就必须培养出适应社会和企业需求的高素质人才。企业人才需求调研和毕业生跟踪调查显示，在当前国内经济转型发展和产业结构调整的大背景下,很多企业发现,高校培养出来的学生职业精神和综合素养的水平直接关系到企业未来的生产发展。因此,企业越来越看重高校毕业生除技能之外的职业精神,尤其是职业态度,普遍希望高校输送的学生具有良好的爱岗敬业、遵守纪律、注重安全、讲求合作、求真务实等职业精神,理解和认同企业文化。

因此,无论从社会和企业的需求考虑还是从高校的良性健康发展的角度来思考,都要将学生的培养标准与社会用人标准对接。只有不断加强学生职业素养的培养,促进高校学生全面发展,才能提升学生的就业竞争力,使其立足岗位、融入社会,才能不断增强高校的竞争优势,实现可持续发展。

（3）学生职业素养需要在专业实践中考核

在企业真实的工作环境中进行专业的实习、实训和实践教学,帮助学生了解企业要求,熟悉企业岗位需求、行为准则、操作规程,有利于提升学生的专业职业素养。建立一个科学的专业实践考核体系,能够强化学生对职业素养的自我选择、自我养成,让素养内化于心、外化于行。

构建职业素养专业实践考核体系,首先要以岗位职业能力分析为基础,归纳出岗位职业活动要求的作风、行为习惯等职业素养要素,建立起考评标准。同时,以实践为载体的职业素养教育,不能脱离企业学校自己搞一套,而要让企业参与到人才培养的前端,在校内实训、顶岗实习等实践环节共同制定职业素养教育的内容,共同组织实施和评价。更深层次上,可以尝试探索职业素养的量化评价体系,将职业素养的评价目标分解成以课程、实践项目、活动等为载体的若干子目标,逐步形成一个层次化的评价模型。

3. 职业技能与职业精神相融合的专业实践路径

高校学生职业技能与职业精神的培养是循序渐进的,从零散、基础的专业知识到娴熟综合的职业技能,从职业意识的萌生到职业精神的养成,是一个学以致用、由量及质的过程。专业实践教学、职业技能比赛、校内综合实训和校外顶岗实习是促成职业技能和职业精神的培养由量变到质变的至关重要的环节。近年,高校正是从这些环节着手,初步探索出职业技能与职业精神相融合的专业实践有效路径。

（1）明确教师和管理人员专业实践的指导内容

专业教师要把人文素养培养贯穿于专业教学和职业技能教育始终，引导学生把"学做事"与"学做人"结合起来。鼓励专业负责人、专业骨干教师担任专业性学生社团的指导教师，开展专业建设及实践教学等专业社团活动，帮助学生在做中学、学中做，巩固专业知识，提升专业技能。引导专业课教师主动承担起人文素养教育的职责，尝试开设从专业课、专业基础课中分化、延伸出来的专业文化课，激发学生提升职业素养的主动性。

企业的实习指导师傅对学生进行专业技能指导的同时，也要进行职业道德和职业精神的示范和教育，引导学生尽快适应环境，以企业员工的标准要求自己。实习指导教师要充分利用所在企业的文化资源，让学生了解企业文化、企业精神，要以服务学生为中心，关心他们日常的工作与生活，倾听学生的诉求，疏排他们的思想困惑，维护他们的切身利益；同时要经常性强调安全注意事项和纪律要求，并在实习实训中做好检查工作，做到警钟长鸣，辅导员与班主任要积极配合专业教师做好学生顶岗实习的辅导与管理工作，建立学生实习档案，定期或不定期地向学生了解在企业情况，根据需要及时提供辅助，有效地掌握和化解学生在企顶岗期间出现的各类思想问题，减少学生意外伤害事故发生，帮助学生克服实习过程的各种困难，保证学生顶岗期间的学习效果，确保学生身心健康与实习安全。

（2）对学生开展爱岗敬业教育

聘请在生产、管理、服务第一线中涌现出的先进典型和学校的优秀毕业生为学生开设专题讲座，结合他们自身成功、成才的实践体会，对学生进行爱岗敬业、无私奉献、艰苦奋斗、开拓进取的敬业和勤业精神教育，启发学生形成高尚的职业道德。同时，组织学生开展职业岗位规范要求的社会调查，走访师傅、员工或劳模，进行座谈或交流，体验、搜集、整理、讨论和学习所学专业的行业职业道德规范的具体内容和要求，强化自身的职业素养。

高校在校内实训中，既注重企业技术的有机融入，又注重职业精神的全程渗透，建立严格的实训管理办法，结合不同的专业和企业、不同岗位的要求制定出适合各专业学生实训的具体规范，让学生在进行严格的技能训练的同时，养成敬业、爱岗、守时的职业行为规范。例如，高校在生产性实训的实习过程中，实行8小时工作制，统一穿着工装进入实训室,对迟到、早退、旷工、消极怠慢的学生进行严肃批评。实训结束后,要求学生打扫实训车间,整理仪器设备,填写实训记录表等。考勤结果、工作态度等都将作为考核学生的重要指标。在严格规范的约束下,学生会逐渐养成爱岗敬业、踏实勤奋的职业精神,细心认真地工作态度,并对自己将来的社会角色产生使命感与责任感。

（3）组织学生参加职业技能大赛

职业技能大赛不仅是引领职业教育改革创新,促进校企合作交流,展示职业教育成果的重要平台,也是全面提高学生职业素养和岗位竞争能力的平台。高校通过搭建校、市、省、国家四级技能比赛体系,努力让每位学生都能在适合自己的比赛项目中得到锻炼和培养。学校可以打造一个包括数学建模竞赛、"挑战杯"竞赛、机器人大赛、服装设计与工艺竞赛等10余项赛事在内的,覆盖大部分学科和专业的技能比赛大平台,以赛促教、以赛促学,让学生在展示技能的过程中,提升积极性、自信心与综合素养,培养职业认同感与自豪感。

制定集"保障、激励、联动"为一体的激励机制,鼓励教师带学生、高年级学生带低年级学生,通过规范化的"传帮带"方式,引导学生走进实训室和竞赛场,提升实践创新能力。学生在参与竞赛的过程中,不仅专业知识和专业技能得到体现,而且团队合作精神、沟通交流能力、计划组织能力都得以彰显。

（4）加强学生顶岗学习的过程管理

实训车间是模拟工作场景,要提升学生的职业精神,还需要真实工作环境的熏陶。为此高校要与信誉度高、文化氛围浓、效益好的企业建立长久的合作关系,学生在校期间的最后一学期,进行顶岗实习教育。

针对早期学生在顶岗实习中存在的问题,进一步加强过程管理。强化前期目标认知,在学生参加顶岗实习之前,集中对学生进行实习目标的认知教育,做好预防性心理辅导,调适学生心理,激发内在动机,化解消极情绪。学生到企业中锻炼过程中,构建多方共管机制,跟进思想政治教育,指导教师和辅导员定期深入企业与学生沟通,摸排学生的各种思想心理问题,及时关注关心学生思想心理动向,有针对性地进行约谈疏导教育。重视后续思想梳理,在实习结束之后及时引导学生对实习过程中遇到的问题、自己的想法以及收获进行梳理和总结,不断寻找自身差距,拓展知识面,培养实际工作能力。

同时,严格按照顶岗实习企业的相关规范进行管理,严格实行考勤和员工管理制度,使学生在实习过程中养成遵守劳动纪律的习惯,并对学生的顶岗实习采取阶段性评价与终结性评价相结合的方式,全面把握学生遵守纪律的情况、团队精神和创新举措等,把职业规范内化为职业精神的养成。

通过顶岗实习,学生不仅提高了自身专业技能,而且对恪尽职守、敬业乐群、守时守法、吃苦耐劳、团结一心、携手共进等职业精神有了更深刻的感悟与体会。

(二)深化生活实践,培养学生的文明行为习惯

在新的形势下,做好养成教育工作是社会发展与高等教育自身发展提出的新要求,凸显了深化素质教育的重要理论意义,也彰显了高校培养人才的现实价值。高校应重视以培养学生良好文明行为习惯为核心的养成教育工作,将其作为深化实施素质教育的重要载体,并结合高校的办学特色和学生的群体特征,积极实践,探索出以培育良好宿舍文明、倡导合理消费观念、养成健康生活方式为主要内容的养成教育模式,培养学生形成良好的思想素质、心理素质、道德品质和文明行为习惯。

1. 宿舍文明是养成教育的重要环节

(1)良好生活习惯是人才成长的基础

良好的生活习惯不仅能够增进个体身心健康,也对个人的成长发展起到重要作用。大学生精力旺盛,并处于身心发展和思想状态趋向成熟的重要时期,良好的生活习惯有助于促进大学生更加圆满地度过大学生涯。

当前,大学生成长的外部环境更加复杂,社会上存在不少不利于推进大学生养成教育工作的因素。总体上看,大学生的生活习惯现状不容乐观,阻碍了大学生身心的健康发展。主要表现为:一是作息时间不规律,不少学生经常熬夜,在宿舍打游戏、看视频、网上聊天至深夜,有时更是熬到凌晨,正常的睡眠时间无法保证;二是日常饮食不科学,相当一部分学生起床较晚,早餐经常赶不及吃,或不注意食品的营养搭配,造成营养不均衡;三是体育锻炼不充足,有些学生不重视体育锻炼,缺乏体育意识,身体素质不佳;四是宿舍环境不整洁,存在诸如个人物

品摆放凌乱，换洗衣物洗晒不及时，生活垃圾清理不干净等脏、乱、差现象，如一些男生不注意自身卫生习惯，经常在宿舍抽烟，造成宿舍二手烟污染，影响自己与室友的身心健康；五是娱乐休闲无节制，有些学生沉溺于网络，通宵游戏或"网聊"，致使白天上课精神状态不佳或在课堂上睡觉。

从长远来看，为在未来激烈的社会竞争中保持独立生存与发展的能力，大学生不仅需要在大学阶段收获知识技能与思想成长，更需要养成良好的生活习惯，这是大学生今后学会生活与自我成长的关键环节。针对当前大学生中出现的各类不良生活习惯，学校须保持持续关注并及时采取有效措施，进一步完善养成教育体系，引导学生从点滴做起，逐步养成良好的生活习惯。

（2）团结友善是集体生活的纽带

良好的宿舍风尚有助于增进学生之间形成互助友爱的亲密关系，培养出较强的集体荣誉感和团队合作的意识与能力。然而，"00后"大学生在成长过程中极易受到家人的过度关注和爱护，具有较强的个体意识，缺乏群体生活的意识和经验，同时，宿舍成员通常来自不同地区，家庭背景、生活习惯、兴趣爱好、处事方式都存在一些差异，因而很容易出现矛盾纠纷。因此，宿舍作为大学生学习生活的重要场所，理应得到更多的重视，要有意识地进行宿舍文化建设，积极构建温馨舒适的居住生活环境，将宿舍的功能进行有益的扩展和延伸，努力打造大学生学习生活和沟通交流的"温暖社区"和"心灵驿站"。

为此，高校开展了丰富多彩的宿舍文化活动，推动形成积极向上、拼搏进取的良好宿舍风貌。在新生入学之初，学生自觉会深入宿舍广泛听取和搜集同学们关于宿舍文化建设的需求、意见和建议，并及时反馈和解决新生住宿的实际问题，尽力改善住宿环境。

高校还在宿舍区建立心理工作坊，设置心理咨询区，定期开展团队辅导活动，及时有效地化解宿舍同学间的小矛盾、小摩擦，增进舍友间的团结友爱。每月还定期开展楼层长服务日活动，收集和反馈学生对宿舍管理服务工作的建议和意见。这些充满亲情和爱意的活动，使宿舍洋溢着浓郁的"家"的氛围，潜移默化地影响着每一位宿舍成员，培育了学生的公共精神，建设了良好的宿舍文明秩序。

（3）健康的生活情趣是大学生的人文品位

在宿舍生活中培养学生健康的生活情趣，一方面有助于学生放松紧张情绪,享受美好生活,另一方面使学生获得潜移默化的影响,砥砺德行,强健体魄,提升文化知识,增强思维能力和道德修养。高校通过举办"五星宿舍"雅室设计大赛和"美丽东职,我型我室"宿舍风采大赛、十佳宿舍评选等丰富多彩的活动,以微视频、微电影等形式,形象、直观地展示各宿舍的特色和风采,将"热爱生活"的理念融入学生的日常生活,引导学生学会生活、珍惜生活、创造生活。同时,结合专业特点,充分发挥师生的集体智慧,运用自创书法、绘画、手工作品、漫画等方式,对宿舍公共区域的空间、墙面、橱窗、宣传栏进行设计和布置,将文化气息带入生活区,为学生涵养情感、碰撞思想、激发智慧提供了一个较好的环境。

2. 理性的消费观是大学生基本的生活理念

28

大学生消费行为既影响其生活质量和身心健康,同时也对其人生观、价值观及世界观的发展产生一定的作用。在网购日益普及的消费热浪驱动下,理性消费观成为大学生思想教育的重要内容。我们十分重视大学生科学消费观念的教育,视其为构建和谐校园的必要措施,并常态化开展相关教育活动,引导大学生树立正确的消费观念,养成健康文明的消费方式。

(1)坚持量入为出的消费原则

因支出费用增多,经济压力促使一部分大学生在学有余力的情况下,通过兼职工作等行为,积极参与社会实践,一定程度上有助于学生树立科学的财富观,增强社会实践能力。然而,值得警惕的是,还有一部分大学生在不健康的消费观念驱使下,选择新兴的网络贷款,这种"申请便利、手续简单、放款快速"的互联网新型金融产品存在极大的安全风险,为大学生带来消费便利的同时也埋下了极大的隐患。

针对这些问题,高校广泛开展科学健康的消费观教育,将其纳入日常思想政治教育工作之中,健全课程体系,丰富教学内容,一方面拓宽道德教育的渠道,除了在相关课程内容体现消费观念教育,更有目的地在其他课程中提及消费道德的内容,以此帮助学生认识消费的特点,加强判断意识,提高判断能力,增强理性消费能力;另一方面,利用多媒体教学优势,灵活采用网络课堂、名师讲座等多样化的教育形式,倡导"勤俭节约"等传统美德,结合实际培育"适度合理"的消费理念。

（2）避免攀比消费和超前消费

"00后"大学生家庭条件相对优渥，对金钱缺乏足够的珍惜感，同时理财的观念和技能较为浅薄，加之网上购物和移动支付在感受上进一步削弱了大学生消费的真实感，消费具有较大随意性。此外，大学生身心发展不够成熟，极易受消费主义、享乐拜金主义、个人主义等不良社会风气的影响，忽视自身实际情况，形成盲目攀比、追风消费等不良习惯。

（3）增强安全防范意识

组织辅导员、班主任开展集中排查工作，深入学生宿舍，摸底调研学生的消费心理、消费状态、消费习惯，分类教育引导，对存在潜在消费风险的学生实行跟踪帮扶措施，做到有问题早发现、早解决，防患于未然。

3. 健康生活方式是大学生的基本修养

大学生活对学生的自理能力提出了更高的要求。养成健康的生活方式成为大学生适应大学生活、加强自我修养的基本任务。针对当前学生中存在的种种不良生活习惯，高校坚持制度育人，通过建立健全和严格执行科学可行的制度体系，约束和引导学生逐渐向着正确、健康的生活方式转变。

（1）坚持科学的作息制度和卫生习惯

设立楼长和层长勤工助学岗位，实施宿舍长制，开展每晚一次的宿舍考勤检查、每月一次的安全文明卫生督查，增强学生的自我管理意识。通过坚持不懈的宿舍日常管理工作，杜绝宿舍"脏、乱、差"的现象，杜绝在宿舍使用违禁电器、抽烟、喝酒等现象。

（2）坚持体育锻炼

以体育必修课为主要渠道，传授必须掌握的体育知识、科学的体育锻炼方法和技能，体育选修课尊重学生的兴趣爱好，发展学生的体育专长。每学年定期举行运动会、足球赛、篮球赛、网球赛等群体竞赛活动，全面展示师生的风采，发挥团委、学生会、校工会以及各系的作用，开展丰富多彩的体育活动，共同推进体育活动的开展。学校还在学生中选拔优秀体育骨干，组建专业运动队，坚持日常训练和课余训练相结合，周末训练和参加重大赛事相结合，引导学生走下网络、走出宿舍、走向操场。高校在大一新生中全面推行阳光健康跑活动，要求每位学生必须达到基本合格标准的阳光健康跑次数，未按规定达到次数的，扣减学年综合测评总分5分。阳光健康跑活动取得良好成效，学生积极参加体育锻炼,提高自身身体素质,培养团结诚信意识,营造温暖、和谐的校园氛围。

（3）养成健康适度的上网习惯

网络对大学生的影响很大,学生上网时间长,手机上网娱乐已经成为大学生业余休闲的主要方式,呈现随时化、随地化特点。学生娱乐生活多,主动学习少。同时,因过分依赖网上资源,使得学生缺乏深度思考的意识和动力,独立思考能力下降。部分学生因沉迷网络社交,对正常的人际交往和身心健康产生了不良影响。

第三章 新时代高校立德树人之精髓：以文化人

中华优秀传统文化是中华民族最深层的精神追求，是中华民族不断壮大的深厚基础。大学生肩负着祖国的未来，不但需要科学知识的储备，还需要健全的人格，二者相互支撑，不可或缺。将中华优秀传统文化渗透到大学生的德育中去，一方面可以传播中华优秀传统文化教育，增加大学生对我国传统的认同感；另一方面也可以通过文化的力量搭建大学生德育的平台，拓宽培育的渠道。本章重点分析新时代高校立德树人之精髓：以文化人。

第一节　中华优秀传统文化简述

一、文化

文化是一个很广泛的概念,不少哲学家、人类学家、社会学家、语言学家一直努力从各自学科的研究角度对文化进行定义。文化定义的多义性、不确定性,说明文化的广泛性。学术界对文化的定义很多,大体上可以概括为广义和狭义两种。

(一)文化的定义

广义的文化,即通常所说的大文化,指人类在改造自然和改造社会的过程中所创造的物质财富和精神财富的总和。从内容看包含两点,其一包括人类征服、改造、人化自然过程的实践活动。其二包括人类通过物质生产实践、精神生产实践而创造的一切物质财富和精神财富。自然的人化和化人,即人和社会的存在方式是广义文化的本质含义。人化指通过人的方式来改造世界而使外部世界事物带上了人文性质;化人则反过来,用这些改造外部世界的人文成果再去提高人、武装人,从而使人得到更为全面、自由的发展。广义的文化透视着在历史长河的发展中,人类的物质、精神力量相互作用而达到的成果。

狭义的文化,是指作为观念形态的,与经济、政治并列的,有关人类社会生活的思想理论、道德风尚、文学艺术、教育和科学等精神方面的内容。狭义的文化排除了在人类社会历史发展中有关物质所创造的活动及其成果部分,专指精神创造的活动及其成果,又称心态文化、小文化。从这个层面上说,文化也是一个国家或一定社会集团的教育科学、伦理道德、思想理论、文学艺术的生活方式之总和。

（二）文化的功能解析

没有文化的发展人类社会就不会前进并高级化。文化是由诸多要素所构成的一个复合体,这些要素相互作用、相互联系产生文化功能,对人类社会的发展起着重大的促进、推动作用。文化功能可分为四大部分。[①]

1. 意识形态功能

文化作为上层建筑的观念形态是由经济基础决定的,因而文化的内容由特定经济关系决定,而利益关系和阶级关系为经济关系的核心。在特定社会条件下,人作为文化主体总是处在一定的意识形态中,人们进行创作、想象不能离开特定的社会背景,思维方式受意识形态的制约与影响。文化生产也不是自由创造,客观上会受到一定阶级、集团利益的约束。哲学、法律、道德、政治是文化的组成部分,都是带有意识形态的文化生产,即便是最具审美特征的文学艺术同样如此。意识形态是较高层次的一种特殊文化,是一种带着强烈的社会意识、阶级意识的观念系统。在阶级利益支配之下,每种文化形态对异己性质的经济、政治现实进行批判,对与己同性质的经济、政治现实进行维护。随着历史的前进,统治阶级将走向灭亡,文化具有的意识形态功能也会消失而成为文化遗产或传统。

2. 教化功能

文化的教化功能就是通过文化手段、文化形式教育和改造人,使人适应社会发展的需要。人在不同阶段、不同环境中创造出文化,经过世世代代积累,成为人们生活于其中的具体的、历史的文化环境。人与动物不同,人既能创造文化,又能理解、接受文化。一个人来到世上会立即处在先人创造的文化氛围中,在成长中,不断学习、领悟规则、习惯、禁忌、风俗等,不断获取文化,将文化转为人内在需要的教化,从自然人转变为社会人。成为什么样的人,判别、区分什么是真善美,都是在社会环境中日渐形成的,是社会化作用的结果。社会环境包括文化环境,人的个性、气质、行为的形成以及人的社会性,主要通过文化环境的教化逐

---

① 李胜兹.试论文化的性质与特征[J].德州师专学报,1998（3）：32-33.

渐地形成。

3. 调节功能

人类社会生活中,不可避免地存在着人与人、人与自然、人与社会之间的矛盾,并且存在着自身情感与理智之间的矛盾,调节种种矛盾,文化发挥着重大的作用。人类社会进入阶级社会后将一直存在社会、集体、个人三者之间的矛盾。在阶级对立的社会中,统治阶级要调节自身内部的矛盾,又要调节与被统治阶级之间的矛盾,除了用法律武器调节外,文化中的道德、理想也起着很大的作用。一个阶级处于统治上升期时,总是强化社会理想的功能,鼓舞全体社会成员为共同目标努力奋斗,这时,社会理想发挥自身作用,有力地调节着各个阶级间的冲突和矛盾。道德规范在调节个人与集体、个人与他人利益矛盾中也发挥着重要作用。另外,文化在调节人们精神状态、生活状态上也是非常关键的。

4. 娱乐休闲功能

人们在生活中为了更好地娱乐、休息而产生了文化的娱乐休闲功能。娱乐休闲一般指消除体力疲劳、恢复生理平衡和获取精神的慰藉。娱乐休闲是在社会必要劳动时间之后的人的生命状态和精神状态,它在人类社会进程中发挥着重要作用。历史阶段不同,人们的劳动生产方式不同,感到的疲劳和压力就会不同,所采取的娱乐方式方法也会不同。现代化生产给人们最大的感受是精神上的疲劳,人们在工作、劳动之余,到文化宫、音乐厅、图书馆等场所能得到文化的熏陶、精神的娱乐和休息,可以消除疲劳,为再生产积蓄能量。传统年代向工业、后工业时代转变过程中以及在将来,无论处于什么时代,人们都会需要娱乐休闲。文化的娱乐休闲功能对人的生活、发展具有重要意义。

二、中华优秀传统文化

中华传统文化是指从远古至晚清即 1840 年鸦片战争以前的历史进程中形成和发展起来的、根植于中国疆域以中华民族为创造主体的、具有鲜明特色和稳定结构的、世代传承并影响整个社会历史的宏大文化体系。我们对以下几点进行重点强调。

第一,本土性。中华传统文化一直以来强调的都是中国的文化,是中华民族的文化,而不是他国、其他民族的文化。它是中华民族在特定的历史时期、地域空间范围内,在特定的政治、经济、习俗等方面的条件下,创造出来的文化成果。它的创造主体是中华民族,是中华民族在特殊的自然环境、经济模式、政治结构、意识形态等方面的作用下所形成的文化习惯和文化积淀。

第二,历史性。传统文化是相对当代文化而言的,传统不仅代表过去,传统还代表着历史,传统是相对于现在、相对于当代而言的,它代表过去,代表历史。社会在不断进步,历史在不断发展。但它不仅仅存在于过去和历史当中,随着后世的继承、发扬、创新,以史为鉴、传承文明是当代的宝贵财富和文化发展的历史趋势。对于中国的传统文化而言,既是上下五千年中华民族所创造的灿烂文化,同时又是珍贵的历史文化遗产。中华传统文化不仅仅是一个民族的根,一个民族的标志,也是一个民族的骄傲,而中华传统文化就像牛顿所说的"巨人的肩膀",我们要想看得更远,做得更好就必须借助这巨人的肩膀,拓宽自己的眼界。

第三,传承性。中华传统文化是中国历代相传的一种文化成果。这里的历代具体是指从有文字开始,至当代以前的各个历史时期的文化,而各个历史时期所形成的文化不仅没有湮灭,而且世代相传,传承到了今天。因此,中华传统文化就是中国各个历史时期形成的诸如道德伦理、制度规章、民族风俗等各种伟大的文化成果。

第二节　中华优秀传统文化融入高校德育教育的必要性

一、中华优秀传统文化在大学生德育中的缺失

（一）大学生缺乏对传统文化与德育关系的正确认识

1.大学生德育缺乏对文化教育的重视

长期以来,我国高校德育始终存在结构偏失的问题,在课程内容建

构上来看,主要是以政治理论为主要内容,却严重缺乏文化内容,尤其是缺乏中国传统文化相关教育内容,这种只重视政治教育忽略文化教育的德育无法充分发挥作用,所以获得的教育效果也无法持久。近年来,我国高校开始重视优秀传统文化教育,高校德育发生了一定变化,但是从整体上看仍然是重政治而轻文化。在这样的背景下,随着市场经济发展和改革开放程度加深,西方文化思潮通过各种渠道涌入我国,对我国高校德育产生了一定影响。一方面,这种文化流动可以帮助大学生具有更宽阔的学术视野,使他们可以直接对比中西文化,从而吸收其中精华的部分;另一方面,西方文化对大学生的政治态度、价值观念和道德意识等造成了一定影响,使大学生在一定程度上对主流思想文化持冷漠态度,还可能排斥接受德育。

2. 大学生德育缺乏对思想教育的重视

市场经济的发展带来了激烈的市场竞争,在这样的环境下,高校教育产生了功利性倾向,在课程设置方面将专业技能培养作为重点,忽略了大学生的文化素养培养,也就导致很少有涉及中国传统文化的教育内容。一些高校虽然开设了《大学语文》《中国传统文化概论》等选修课,但是却没有真正将优秀传统文化教育作为一项重要教育内容,没有意识到这项教育的重要性。中华优秀传统文化教育的效果并不会在短时间内显现出来,高校也就不能通过传统文化教育获得眼前利益,这就使得高校不重视传统文化教育,在教育制度和课程设置方面均不重视传统文化教育,这就导致和传统文化密切相关的道德观、价值观等的教育都受到了极大的冲击和挑战,高校德育也就出现了重智不重德、重技能轻思想的趋势,导致当前很多高校都缺乏人文思想和人文精神。

(二)大学生缺乏对中国传统文化的正确认识

1. 缺乏对中国传统文化价值的深刻认知

当前我国很大一部分民众对中国传统文化的价值没有正确的认识或是认识得不够深刻,在西方文化的冲击下,很多人开始对中国传统文化失去信心,而在这种冲击下只有少数思想家和学者仍然坚持研究和传承发展中国传统文化。新中国成立后,各种国内外因素制约了传统文化的发展,这就使得传统文化在我国进一步丧失了民众基础。当时间推移至 20 世纪 90 年代,传统文化在中国被人们漠视,那些传统典籍也几乎无人问津,反而是日本、韩国等亚洲国家和一些西方国家开始深入研究中国传统文化,在这样的背景下,中国人逐渐意识到传统文化的重要性,逐渐重视传统文化的研究,积极挖掘和探索传统文化,推动优秀传统文化在中国的发展。

当前,很多青年男女一味地追求物质,在精神建设方面出现滑坡,他们的成长和发展与中华民族优秀传统文化渐行渐远,相较于中国传统文化,西方文化更吸引他们,对他们的影响更大。但实际上他们并没有真正了解西方文化,而仅仅是通过商业化、炒作等看到了西方文化的表皮,实际上并不了解西方文化的本质与内涵。同时,人们一味地追求西方文化,却忽略了中华优秀传统文化的价值,没有意识到优秀传统文化对自身成长和发展的重要意义。当代大学生不重视优秀传统文化的潜在价值,在“西化”背景下,他们的价值取向趋向单一化,过于功利成为当代大学生的一个显著特征,在精神领域的追求十分匮乏,并不将伟大的历史人物作为偶像,而是将那些影视明星、富豪当作自己向往的对象;他们不再将科学家、教师、医生等职业作为自己的追求,而是将能获得更多金钱和权力的职业作为他们的理想职业。

这些问题不仅是单纯地反映社会事实,而更重要的是体现了中国文化的发展趋势,这种发展趋势已经严重偏离了中国特色社会主义文化建设提出的要求。从传统文化的角度来看,中国传统文化是中华民族的灵魂,是中华民族的民族象征,是促使中华儿女可以在磨难中坚韧不屈的精神力量。对于中国特色社会主义建设而言,中华民族传统文化的巨大凝聚力可以发挥重要作用,同时这也是推进我国社会主义现代化建设的重要精神力量。

2. 缺乏对中国传统美德的继承和发展

在中华民族的历史发展中产生了很多传统文化,中华民族传统美德则是这些传统文化中的精华部分,是中华民族的宝贵历史遗产和财富,但是就我国大学生当前的思想道德品质来说,仍然有很多人不具备这些优秀品德,其言行与身份严重不符。

虽然这只反映了大学生个人素质的一个组成部分,但是当代大学生的确存在缺乏集体主义精神、公德意识、诚信意识等问题,这是一个普遍现象。一些大学生过于强调个人,以自我为中心,将社会和集体的利益放在个人利益之后;无法客观认识和处理物质和精神关系,只顾眼前利益而忽视远大理想,在市场经济高速发展的今天,很多大学生的人生目标就是获得金钱和权力,重物质而轻精神,缺乏社会责任感,甚至陷入极端个人主义的泥潭;无法正确看待和处理索取与奉献的关系,只会一味地索取却不奉献,没有形成正确的奉献和索取观念。一些大学生的价值观出现扭曲现象,这主要表现为急功近利、敬业意识薄弱、理想追求功利化等。

一些大学生则思想消极,不愿意为了集体奉献,没有将个人利益和集体利益结合在一起,缺乏对事业的献身精神。还有一些大学生缺乏诚信意识,没有意识到诚信的重要性,例如一些大学生会考试作弊、抄袭论文等,甚至会谎报特困生申请补助、拖欠银行助学贷款等。而其中最严重的问题在于,很多大学生并没有意识到这些问题会对其个人发展产生消极影响,认为这些思想观念和行为方式都在正常范畴内,意识不到这些现象严重阻碍了他们的健康成长。

3. 缺乏对中国传统文化内涵的深刻理解

当前对大学生进行优秀传统文化教育的力度较小,这对中国传统文化的继承与发展造成不利影响。还有人对大学生掌握传统文化状况进行了调查,让大学生选择一个除了春节以外最重要的节日,大部分大学生都选择了情人节、圣诞节等西方节日,选择中秋节、端午节等中国传统节日的人比较少,从这项调查也可以看出我国传统文化教育的缺失。同时随着经济全球化推进和改革开放程度不断加深,各国各民族的文化进入我国社会,这些"洋文化"在大学生中受到了极大欢迎,而这又进一步淡化了他们对中华民族优秀传统文化的关注。例如,当代大学生对圣诞节、情人节等西方节日的认识超过中国传统节日,在餐饮、娱乐等方面也逐渐"洋化",一味地崇拜西方文化,却忽视了中国传统文化。当前,我国很多大学生甚至不了解中国历史上的代表人物和重大事件,很少有大学生会看"四书五经""经史子集"等书籍。此外,随着就业压力的不断加大,大学生更注重个人专业能力的培养,注重专业知识和技能的学习,但是却忽略了培养自身的人文素质,没有意识到人文素质对于自身成长和发展的重要意义。

一些企业反映当前我国大学生在工作中表现出很强的专业能力,在计算机和数学应用能力、外语能力等方面都比较出色,但是严重缺乏社会责任感和工作责任心。因此,在提高大学生的专业能力的同时应该加强人文素质培养,这就要求我们加强德育,并将传统文化有机融入其中,以此有效提升大学生的综合素养,实现个人全面成长和发展。

二、中华优秀传统文化在大学生德育中缺失的成因

(一)传统文化与现代文化之间存在冲突

1.不良文化与优秀传统文化的冲突

当前,"黄色""灰色""黑色"不良文化已经成为荼毒青少年的"三色污染",对青少年的身心健康造成了严重损害。其中,"黄色"不良文化是指文化市场上那些低级、庸俗的产品,这些产品可以满足青少年感官刺激的需求,但是会对他们的身心健康造成危害;"灰色"不良文化是指那些社会腐败风气以及一些社会潜规则,在潜移默化中侵害青少年的思想意识;"黑色"不良文化主要是指黑社会的"哥们义气"等文化,是提倡无视道德和法律,有福同享、有难同当的浅薄风气。随着电视、电影、网络媒体等行业的发展,经常会出现美化暴力、色情、赌博等不良文化的情况,而大学生正处于逐渐走向成熟的阶段,对外界的抵御能力较弱,这就导致他们很可能受到这些风气的影响,从而影响他们树立正确的世界观、人生观、价值观,影响他们的健康成长。

随着市场经济大发展,曾有一个时期我国教育过于功利化、短期化,这十分不利于我们在大学生中开展中华优秀传统文化教育。此外,随着信息时代的到来,各种外来文化可以通过网络进入我国,对大学生产生影响,西方资本主义宣扬的自由主义、享乐主义、个人主义等严重影响了我国大学生的价值观塑造,同时社会中还存在一些贪污腐败等道德失范行为,这些都对大学生的成长和发展造成了消极影响,严重阻碍他们形成正确的世界观、人生观和价值观。在大学生的成长过程中已经初步形成了良好的道德品质和健康的兴趣爱好,但是在这些社会不良文化的长期影响下,这些已经形成的品德会受到侵蚀,价值取向也会出现错位。尤其是微博、微信、论坛平台等新媒体平台的快速发展,为不良文化

的传播提供了新平台,在我国当前网络监管仍存在问题的背景下,大学生在利用网络平台时就会接收这些不良文化,从而对他们的精神生活造成严重的负面影响。

2.西方文化与优秀传统文化的冲突

随着全球化进程推进,人们的思想观念和行为方式发生了巨大变化。在复杂多变的国内外形势下,大学生身边充斥着各种思想观念、价值取向和生活方式,其中不乏一些腐朽落后、不积极、不健康的内容,这些内容对大学生的健康成长产生了消极影响。20世纪90年代以来,西方强国为了在多元世界格局中稳固自身地位,利用自身在经济、文化、军事等方面的力量优势,大力推动"文化霸权主义",试图在世界范围内利用资本主义价值观念、生活方式、社会制度的方法稳固自身地位,从而获取更多利益。例如,西方资本主义国家会以商品消费作为载体进行文化渗透,试图通过这种方式让其他国家的人民接受、认同资本主义文化,潜移默化地影响人们的思想观念和行为方式。

在20世纪初,我国有10名教授联名发表了《中国本位的文化建设宣扬》,其中就提出,从文化领域中看,世界中并没有中国的位置,而中国的领土里面也几乎没有真正意义上的中国人了。这实际上讲的就是本国民族文化的衰败和外国文化的入侵。民族独立同时包括经济独立、政治独立和文化独立,因此,我们必须加强大学生传统文化教育,通过这种方式保持大学生的文化主体意识。

优秀传统文化融入大学生德育,不仅会受到以上不良文化的影响,在教育教学实践中也会出现各种问题。例如,需要进一步加强对中华优秀传统文化教育的重视,中华优秀传统文化教育的内容缺乏系统性、整体性,仍然存在重视知识灌输、轻视精神内涵阐释的情况,缺乏完善的课程体系和教材体系,需要进一步从整体上提高教师队伍的综合素质水平,没有形成全社会共同参与的教育合力等。而想要切实有效地解决这些问题,就必须进一步完善大学生中华优秀传统文化教育。

(二)融入工作的体系化水平有待提高

当前我国很多高校已经在德育的过程中加强优秀传统文化的内容建设,但是在具体教学实践中存在一个显著问题,就是没有将中国优秀传统文化教育联系大学生的生活实际,这就导致无法在大学生的日常实践中提升他们的基本素养。当前优秀传统文化融入德育存在方法和途径的错误,这就导致了优秀传统文化和大学生生活实际的分离,也就严重影响了优秀传统文化的融入效果。也就是说,就当前的大学生德育来说,优秀传统文化只是会涉及的一项内容,但是并没有真正融入大学生的日常生活。

第一,当前的优秀传统文化教育重视课堂教育,却忽略课堂以外的教育途径。也就是说,当前的大学生优秀传统文化教育重视在课堂上传授各种理论知识,但是很少有课堂教育以外的途径发挥作用,这就导致了优秀传统文化教育与大学生生活实际的分离,形成了"课上"教育与"课下"教育分离的现象,这种单一教育模式很难对大学生产生持续影响。实际上,应该加强优秀传统文化的"课下"教育,在大学生的生活中融入教育内容,实现潜移默化的文化熏陶,从而有效提升融入教育的实效性。

第二,重视理论教育而忽视实践教育。当前很多德育者仍然单纯地依靠理论教育,没有意识到实践教育的重要性,这就导致教育缺乏层次性,严重影响了优秀传统文化融入大学生德育的效果,无法发挥实践育人的重要作用。这就要求德育者应该意识到在实践层面进行德育的作用,在实践中让大学生意识到优秀传统文化的重要作用,引导他们在实践中运用相关知识解决实际问题,以此实现德育的入脑入心。

（三）"说教式"教育方式无法使优秀传统文化教育取得良好效果

中华优秀传统文化随着我国历史发展而产生和发展,在现代社会传承和发展优秀传统文化一定要结合当前的历史背景和社会环境,并根据这些条件选择恰当的教育方式,只有这样才能充分发挥优秀传统文化的教育功能。

三、中华优秀传统文化对大学生德育的价值

（一）德育自身发展的内在要求

我们开展德育必须充分汲取中华优秀传统文化的营养,要尊重中国

传统文化、行为方式、思维习惯等,并且基于中国发展实际和人民需求创造性地继承和发展具有鲜明民族特色的中国传统文化。这是实现马克思主义中国化的重要基础,只有这样才能推动我国德育事业在马克思主义的指导下不断前进,才能充分发挥德育的作用,推动社会发展。

我们党通过历史实践总结出,必须将德育当作一项长期持续的事业加以重视,我们开展德育根本上是为了提高受教育者的思想道德素质,促进人的全面自由发展,并以此为基础为中国特色社会主义建设提供重要力量,从而最终实现建设共产主义的目标。促使人的全面自由发展包含了很多内容,其中就包括提高人们的文化素养,因此开展德育工作必须将文化当作一个重要方面。从我国德育的发展现状可以看到,政治性一直是我国德育的重点,文化性在一定程度上被忽略,这也是造成德育资源过于单一、教育形式过于呆板的主要原因,在我国德育发展中忽略了文化要素的丰富性与提升性,但实际上通过增加德育的文化含量可以丰富其内容和形式。由于我国当前的德育存在文化性缺失的问题,导致教育资源日益减少,同时还在一定程度上削减了德育的育人功能,这些因素均对我国德育的健康发展造成了阻碍。中国传统文化是一种崇德型文化,这就使其在继承和发展的过程中逐渐形成了"文化化人"和"文化育德"的优良传统,这也是中国传统文化可以成为德育资源的原因。

可以看出,随着文化在国家和社会发展中重要性的不断提升,增强德育的文化性成为必然趋势,这就要求我国德育必须与中华优秀传统文化有机融合,在充分结合中国发展实际的基础上继承和发展中华优秀传统文化。

（二）拓宽德育渠道的要求

将传统文化融入德育中,不仅补充和丰富了原有的教育内容,同时还在一定程度上拓展了德育的渠道。中国传统文化重视人格修养,强调律己修身。在大学生中开展修身教育,可以有效调动他们的自我教育积极性,实现德育的全靠外部力量向内外力量同时发挥作用转变,通过这种方式提升德育的实效性。

1.省察克治

这里所说的"省察"主要是指自我检查、自我反省,通过"省察"可以使人们及时发现自身行为和思想中的不足之处和不良倾向,在此基础上可以做出及时调整和改正;这里所说的"克治"主要是指自我纠正,这是在"省察"基础上实现的自我完善,通过自我检查及时调整思想和行为中的不足之处和不良倾向。省察克治来源于孔子思想,由王阳明正式提出并阐明。具体来说,省察克治可以从以下两方面进行阐释。

（1）自省

"自省"在大学生德育中十分重要,这就要求大学生要经常在内心反省自己的言行,扫除邪恶的东西,保留善的东西。

（2）内察

"内察"是建立在"自省"之上的一种德育途径,这是从行为动机的层面来说的,源于"自省"但又高于"自省",比自省更深刻、更严格。

人们在发现错误后应该及时改正错误,而改正错误的关键就是要有勇气,应该用端正的态度对待错误。子曰:"过则勿惮改。"这就是说人们犯错后不应该害怕改正,这就是要求人们正视错误,用端正的态度及时改正错误。"人非圣贤,孰能无过？过而能改,善莫大焉。"人无完人,每个人都会犯错,但是不用正确的态度看待错误,坚持不改正错误那就成为真的错误了。"过而不改,是谓过矣！孔子曾经称赞颜回"不贰过",实际上就是说颜回勇于直面错误并及时改正,这样才能从错误中吸取经验教训,做到不犯同样的错误,正视错误、及时改正是提高自我的重要途径。可以看到,用端正的态度看待和改正错误是一种重要的学习方式,以此可以有效提高自身的道德修养。

同时,我们可以从一个人对待自己错误的态度判断这个人的品行。具有优秀品质的人就会用端正的态度看待自己的错误,并及时予以改正;品行差的人则会一味逃避、不承认自己的错误,还会有人坚持不改正自己的错误。子贡曰:"君子之过也,如日月之食焉;过也,人皆见之;更也,人皆仰之。"子夏曰:"小人之过也必文。"子贡和子夏所说的就是通过人们对待错误的方式评判一个人的人品。

2. 慎独

随着社会主义市场经济发展,很多大学生在激烈的市场竞争下将提高专业知识和技能作为最重要的事情,却忽略了自身道德品质的培养,这种过分强调功利的态度和做法十分不利于他们的健康成长。这就要求大学生从隐蔽处、细微处入手培养自身道德修养,严于律己,树立正确价值观,用客观的态度认识和判断是非、善恶、美丑,塑造符合社会要求的完美人格。

从以上分析可以看出,我国古代有很多德育途径,所以将传统文化融入当代德育可以有效拓宽教育渠道,提供更丰富的教育方式。我国古代先贤有过很多关于道德修养的论述,光儒家在道德修养方面就有十分丰富的论述。文化发展具有历史继承性,在新环境、新形势下,我们需要在符合当前社会要求的基础上合理地取舍和改造传统文化的修养方法,要将马克思主义作为理论指导,将优秀传统文化与当前社会的道德要求有机结合在一起,通过这种方式可以有效丰富大学生德育的途径和方法。

(三)在大学生中开展中国梦教育的要求

中国梦是国家的梦,是民族的梦,是人民的梦,它集中体现了近代以来中国人民的理想和夙愿。

首先,中华民族伟大复兴拥有坚实的大众心理基础和基本精神动力,也就是中华民族文化为中华儿女带来的强烈民族自豪感和文化自豪感。

其次,中国梦和中华优秀传统文化均包含了强烈的爱国主义精神。从中国的历史发展来看,中华民族发展历程中留下了很多壮怀激烈、感人至深的爱国事迹和诗篇。中华优秀传统文化中包含了舍生取义、精忠报国等爱国主义精神信念。

最后,中国梦涉及的很多要素都带有浓厚的中华优秀传统文化气息,中华优秀传统文化的精神气质在中国梦的各个方面都有所体现。中国梦要求人们要有自强不息的拼搏精神,要求社会要实现公平正义,强调个人理想、前途与民族理想、前途的有机统一,强调国家和社会要实现和平发展、追求合作共赢,而这些精神理念同时也是中华优秀传统文化的重要内容,中华优秀传统文化可以为中国梦的内涵提供重要的内在依据和有力支撑。

可以看出,中国梦在一定意义上继承和发展了中华优秀传统文化,浓缩了中华民族五千多年的优秀文化基因。因此,想要实现中国梦就必须将中华优秀传统文化资源作为重要内容,加强中华优秀传统文化和社会主义先进文化的有机融合、共同发展,在中国特色社会主义伟大事业的建设中充分发挥中华优秀传统文化的作用,使之成为重要的力量源泉,并将优秀传统文化作为实现中国梦的重要根基。

(四)在大学生中培育和践行核心价值观的要求

社会主义核心价值观的发展和完善也离不开中华优秀传统文化发挥作用,社会主义核心价值观是在充分结合现代社会发展实际的基础上对中华优秀传统文化的继承和发展,二者具有内在统一性,只有加强社会主义核心价值观培育和践行与中华优秀传统文化弘扬和发展,才能为国家和民族的发展提供重要的精神力量,才能推动中国特色社会主义事业兴旺发达。

中华民族一直重视"民本",在我国历史文化长河中,"民本"始终是人们对文化思考的重要方面。《尚书·五子之歌》中讲:"民惟邦本,本固邦宁。"这就是说,人民是一个国家的根本和基础,只有为人民提供良好的生活条件,保障他们的生活富足安康,才能实现国家的安定团结、和谐稳定。而这与社会主义核心价值观所倡导的"富强"和"民主"相契合,都是从人民的利益出发,为人民创造良好的生活条件,只有关注民生问题,为人民解决生存和发展的问题,才能实现国家富强,可以说社会主义核心价值观提倡的"富强""民生"是对中国传统民本思想在现代社会的升华和发展。中华传统文化中蕴含着"天人合一""和而不同"的思想,"天人合一"是指人们在从事各种社会生活活动时应该遵循自然规律,应该维护人与自然的和谐共处,构建人类社会和自然环境的和谐关系;"和而不同"是指人们在人际交往的过程中应该在坚持自己立场的同时建立和谐友善的人际关系。也就是说,在与自然相处的时候应该做到敬畏自然、尊重自然,在与他人相处的过程中应该做到求同存异,与他人建立自由、民主、平等的人际交往关系,从而实现人与自然、人与人的和谐、可持续发展。而这实际上就是社会主义核心价值观中"和谐"思想的体现。

第三节　中华优秀传统文化融入高校德育教育的内容与路径

一、中华优秀传统文化融入高校德育教育的内容

（一）中华优秀传统思想文化内容

1.儒家思想文化的德育价值

在五千年中华文明史中,儒家思想一直占据统治地位,对国人的生活、思想、文化影响深远。儒家思想中的道德教育历来是学者研究的重点,其内容中包含丰富的德育资源,具体来说,儒家思想文化对当代道德教育有以下启示。

（1）强调德育,重视"教化"的作用

儒家文化非常重视教化,相信每个人都可以成为圣人,同时也承认世界上没有天生的圣人,圣人是后天实践的结果。后天的训练一方面取决于自我修养,另一方面取决于教育。二者相互合作,缺一不可。重视教化是儒家的优良传统,这给我们带来了启示,即我们应该高度重视道德教育的作用,把道德教育作为治理国家的重要手段,利用道德的内在约束力来协调和规范社会,促进社会主义道德建设的发展和进步。

在现代社会中,维护社会稳定的基本手段有两种,一种是靠法律刑罚强制的行政手段,另一种是以教育为手段的道德教育。对于法律惩罚,人们出于恐惧而接受它的约束;而对于道德教育,人们以愉快的心情接受它的影响,并自觉地受到它的影响。道德教育与法律和行政手段相比具有无可比拟的优势。在现代社会,我们应该重视道德教育的作用,从传统中汲取营养,用高尚的道德风格和规范来教育学生。

（2）注重仁爱、重视孝道

注重仁爱是儒家思想的主要特征。以孝为例，儒家思想认为爱父母是爱的起点，具有伦理的优先地位，所以儒家思想非常重视孝道。父母的养育之恩终身难报，赡养父母是孩子不可推卸的责任和义务，这是孝道的基本要求。此外，孔子还强调"敬"，使父母不仅可以获得物质上的满足，还可以获得精神上的满足，这是人类特有的孝道。时至今日，儒家所倡导的仁孝思想对社会主义道德教育仍有重要的借鉴和启示。这种仁爱思想对于协调现代社会的人际关系，促进人与人、人与自然、人与社会的和谐共处具有重要作用，这也是社会主义核心价值观所追求的目标。把仁爱作为社会主义道德教育的重要组成部分，可以增强集体凝聚力，从而在社会上形成团结互助的社会氛围，这不仅有利于国家的繁荣，也有利于社会的发展和进步。

（3）重视"内圣外王"理想人格的塑造

儒家强调"内圣外王"。"内圣外王"思想不仅反映了人们对自我修养和自我完善的追求，也反映了理想的政治追求。

首先，"内圣外王"的理想人格提醒我们要重视个人修养的作用。道德修养的内在动力是个人追求完美的道德需要，自我修养是创造完美人格，追求和实现更高的人生价值。要培养优秀的道德品质，既要依靠道德教育，又要依靠个人道德修养。

其次，"内圣外王"的观念向我们展示了一种自强不息的精神。在现代社会，人们的工作和生活都承受着巨大的压力，这使得人们有时会有消极悲观的情绪。尤其是当代大学生，心理素质欠佳，心理问题层出不穷。儒家强调的"内圣外王"展现给我们的自强不息、乐观进取的精神，可以增强我们克服困难的勇气和信心。

（4）强调自省和慎独

顾名思义，自省要求我们善于自我反思，通过有意识的反思认识自己的缺点和错误。自我反思向我们展示了严格要求自己、宽以待人的精神和品质。慎独意味着一个人要严格要求自己，对自己的想法和行为保持谨慎。

强调自省与慎独，实际上是强调道德主体的自我修养意识。二者都是基于高度的道德主体意识，都依赖于自律和自我约束。如果我们能够做到慎独和自我反省，从自己身上找到一切的理由，不责怪他人，那么我们的人际关系就会更加和谐。因此，从这个角度来看，自省与慎独在促进人际关系和谐方面发挥着不可估量的作用。

（5）重义轻利，以义导利的价值观念

儒家主张利益应该以符合道德的适当方式获得，社会整体的巨大利益应该考虑在内，人民的利益应该以道德为标准来解决。一切都应该从道德的角度出发，只要符合正义，即使对自己有害也要去做。这些价值观提醒我们要正确处理国家、集体和个人之间的利益关系，我国是社会主义国家，坚持集体主义，坚持人民利益至上。当国家、集体、个人利益相冲突，应当维护国家和集体的利益，这是实现个人利益的前提和保障。

2.道家思想文化的德育价值

道家思想与儒家思想相比，其内容、功用、产生的影响虽不尽相同，但同样是中华优秀传统文化的瑰宝，对中华民族产生深远的影响。进入新时代，道家思想不断创新发展，其对当代德育的启示如下：

（1）有利于德育理念的创新，促进受教育者主体性的培养

在老庄道家的道德教育思想中，他们从受教育者的实际阶段和思想认识水平出发，强烈主张遵循客观自然规律，倡导培养受教育者自我个性，维护受教育者独立的道德人格，重视受教育者自身主体性的培养和发展，这与当前德育观念的创新基本同步。对主体进行道德教育离不开主体实际的思想认识水平，离不开主客体存在的客观规律。德育本身就是按照一定的客观规律，在主体思想认识水平基础上施加的有组织、有计划、有影响的教育过程。在教育过程中，充分认识主体的能动性，调动主体的积极性，维护主体的独立性，是对道家思想的继承与发展，也是德育理念不断创新的结果。

（2）有利于德育方法的完善，促进隐性德育资源的开发

与孔孟儒家的道德教育思想相比，老庄道家道德教育思想的隐性特征更为突出。老庄道家的道德教育思想主张，在充分发挥自身所蕴含的教育示范意义的前提下，教育者应该对受教育者进行启蒙教育和引导教育，更加注重潜移默化的影响，塑造受教育者的道德人格。老庄道家的这些德育思想对改进当今德育方法和开发隐性德育资源具有十分重要的启示作用。当前，德育方法多种多样，但归结起来，无非两种：显性教育和隐性教育。显性教育即理直气壮正大光明的教育，隐性教育即潜移默化润物无声的教育。两种德育方法相辅相成，缺一不可。其中，隐性

教育无处不在,它潜移默化地影响着人的思想品德和行为规范,使主体于无声处接受道德教育并内化于心。

（3）有利于实现人与自然之间关系的和谐

老庄道家的道德教育思想不仅把人纳入整个道德教育思想体系,而且还包括客观存在意义上的自然。也就是说,人类不仅要处理好自己的思想道德发展,还要处理好与自然的关系。如何保持二者的和谐发展也是道德教育思想的重中之重。为此,老庄道家提出了"人德"和"天德"的思想,将人类社会的各种人类伦理道德融入"人德"中,将人与自然的和谐发展融入"天德"中。老庄道家认为,虽然人在自然界的万物中是非常伟大的,但从整体的宏观角度来看,人与自然界的其他事物一样,应该是它们的平等部分。人类应该与自然界万物共存,和谐发展。老庄道家倡导一种整体思维方式,通过天人合一来处理人与自然的关系。当前,全球生态环境持续恶化,气候变暖,土地荒漠化,全球公共卫生问题持续困扰人类,如何实现人与自然和谐共生是当今全球面临的重大问题。习近平生态文明思想继承我国优秀传统文化中人与自然关系的优良思想并创新发展,为当前全球正确处理人与自然关系提供了价值遵循和基本路径。

（4）有利于实现人与人之间关系的和谐

老庄道家思想中的"和谐社会"最重要的是人与人之间的和平共处。在老庄道家看来,没有什么比战争更能破坏人们的和平共处了,老庄道家对此深恶痛绝。如今,尽管和平与发展已成为整个时代发展的主题,但一些地区因领土、宗教、资源等问题而引发的战争和冲突仍在不断上升。因此,只有反对战争,维护人民之间的和平共处,才能帮助人民稳定生活,促进社会和谐发展。社会公平正义是整个社会和谐稳定的基础和前提。这一思想也是对传统道家思想文化的继承和发展,是一种高水平的总结和创新发展。

3. 法家思想文化的德育价值

当前,我国着力推进法治社会的建设,可从法家思想中找寻借鉴。"法治"思想对当代德育的正面启迪主要包括以下几个方面。

（1）注重外部环境的营建

法家注重外部环境对人的影响作用。法家看到环境对道德教化的影响,积极利用环境对人们加以熏陶。

首先，法家借助国家制度引导人们的道德取向，如提倡选贤、举恶制度。

其次，法家重视对不良社会风气和社会现象的治理，采用法治手段起到震慑作用，确保良性道德环境的建立。

最后，法家比较注重建立言信行果、说一不二的社会道德风尚，树立守信示范。法家认为应该形成言必信、行必果的道德风尚，赏信罚恶、罚赏并行，以政府的赏罚举措形成社会性的舆论氛围。

人的本质属性是社会性，这个社会性就是他所处的环境。环境与人的影响是相互的。环境塑造人，人改变环境。环境总是富有感染力的，环境能使人变好，也能使人变坏，良好的道德环境会在人们之间相互影响、相互浸染，产生渗透力和辐射作用。现代德育应能动地利用环境的影响对人们实施道德教化，并不断通过道德教化来改善环境。在环境的诸多构成要素中，制度是构成环境的核心要素，通过制度建设引领社会价值的导向，创设良好的道德环境。

（2）注重关照个人合理利益

法家认为人们的思想道德归附受其利益关系的影响，如果忽视人们的利益关系，再好的道德教育也起不了大的作用。因此，法家十分重视道德的物质基础，从经济的视角来寻求道德变化的原因。法家认为只有人民的基本生活物资要求满足了，才会安居乐业，社会有序，才会出现精神上的文明，形成良好的道德秩序和社会风尚。法家认为人们对利益的追求有助于社会的发展，对人情好利的现实采取承认、尊重的态度，主张"富教结合"。法家认为道德教育要以富民为先，满足人们的利益需求，并用以利相导的办法来引导社会大众的道德发展方向。

马克思主义认为：经济基础决定上层建筑，物质资料生产是社会发展的基础。德育属于观念上层建筑，受到我国经济基础的制约。在对主体进行道德教育时，不能脱离主体的物质利益需求。我国确立了社会主义市场经济制度，市场经济就是利益经济，在公平竞争、合理设置的制度内，在互相需要、普遍联系的体系中，个人想要获得自己的利益，就需要为他人、为社会提供有效劳动，自利也能形成"互利双赢""共同发展"局面。经济社会应该充分尊重、保护人们的自利动机，引导其走上健康合理的轨道。在社会主义市场经济条件下，能够充分尊重个人的合法利益，保障并满足人们的物质追求，使人们有空闲追求精神层面的需求。

现代德育应当继承法家勇于变革、积极创新的精神，保持对社会变革的敏感和热情,突破传统束缚,因时而变、与时俱进,使道德教育迸发出新的活力。

(二)中华优秀传统物质文化内容

1. 中国传统饮食文化的德育价值

中国传统饮食文化虽然属于物质文化内容,但包含着丰富的思想政治文化要素。饮食是每一个人每一天必须进行的,充分挖掘饮食文化中的德育要素,对提高人的思想道德素质起着潜移默化的影响。

（1）饮食负载文化品质

"国以民为本、民以食为天"。饮食不仅记录着一个国家和民族的物质资料生产过程,也承载着一个国家和民族的历史文化发展。中国饮食的传统规范和艺术不仅折射了物质文化,也反映着一定社会的政治、思想文化。教育年轻人了解饮食背后的文化内涵是德育不可或缺的一部分。随着社会的快速发展,生活节奏越来越快,快餐文化越来越盛行,传统饮食文化逐渐被年轻人所忽视。这似乎是社会发展的进步,但也意味着社会的倒退。因为隐藏在饮食文化背后的人与人之间的关系和礼仪被淡化,精神层面的追求越来越多地被物质追求所替代。相对而言,饮食文化所传达的社会价值观往往与身体经验和精神品格相结合。通过饮食进行日常道德教育,可以补充工具主义价值观下的道德教育内容,是一种自然的教育方式。

（2）饮食折射中国式伦理

在当代生活中,"团座和食"也是家庭团聚、情感传递、礼仪和道德的常见方式。作为一名家庭成员,了解贯穿于饮食活动中的家庭关系和精神观念,并学习相应的礼仪规则,是相当重要且必要的。宏观层面来讲,家是最小国,国是千万家。注重家庭饮食文化所传递的礼仪道德,对国家道德建设起着至关重要的作用。而且饮食文化中包括的待客饮食、馈赠饮食、美酒配英雄、以茶会友等传统饮食文化,蕴含着人与人和谐相处的哲学道理,包含着对个人品德形成的熏陶。

2. 中国传统服饰文化的德育价值

个体从出生至死亡,都要与服饰打交道,服饰的功能并不简单是美化、保暖作用,其背后蕴藏着丰富的思想政治教育资源,服饰文化对思想政治教育起着潜移默化的作用。

（1）服饰文化彰显礼教精神

古代服饰是礼仪的一部分,是一种文化符号;也是等级制度的外化表现,具有区分社会地位的作用;同时也是情感的象征,可以判断一个人的心理状态。如今,作为礼仪之邦的中国,在服饰方面的礼仪依然保留。例如,在参加会议、宴席等正式场合时,人们特别重视服饰的穿着,认为这是对别人的尊敬。

（2）服饰文化展现中国特色

我国是一个多民族的国家,经过社会发展和历史文化沉淀,每个民族都有各自民族的传统服饰,形成独具特色的服饰文化,彰显了各民族特色。比如汉族服饰、蒙古族服饰、苗族服饰、满族服饰等,式样不同,多种多样。而且随着时代的发展,每个民族的服饰又不断演变,呈现千变万化的形态。比如汉服,从夏商时期到唐朝时期再到明朝时期,每个时代都有微观的变化,体现这个时代的文化特点。因此,无论从横向还是纵向来看,服饰文化作为中华优秀传统文化的一部分,展现着独树一帜的中国特色文化。时至今日,中国人依然将服饰作为一种文化符号,加以继承传播,最近几年汉服文化、旗袍等的盛行就是佐证。所以,在中国,服饰不仅仅是服饰,它更是民族文化的象征,包含着丰富的德育资源,充分挖掘服饰文化中的德育要素教育学生,一方面,可以使学生了解中国传统服饰的变迁,感受中国传统文化的博大精深,另一方面,可以使学生坚定文化自信文化自觉,积极传播中国优秀文化。

（3）服饰文化体现文化自信

中国传统服饰造型别致,类型多样,比如衫、襦、褂、袍、巾、冠、履等。这是劳动群众的创造,是民族文化的结晶,彰显中华民族的文化自信。从横向看,一个时代的民族服饰丰富多彩,并非千篇一律。从纵向来看,每个时代的民族服饰千变万化,体现时代发展。但是鸦片战争爆发,作为决定文化发展的经济政治落后于西方社会,开始打破国人的文化自信。中华优秀传统文化一度作为糟粕文化、落后文化而被批判、被抛弃,服饰文化作为传统文化的一部分,也被舍弃。后来发展的民国服饰也是我国优秀服饰文化的一部分,比如旗袍和中山服,驰名海外。但是很可惜,在近代时期,传统服饰没有很好地被保存继承。

新中国成立后至改革开放前,受国内外经济政治影响,我国民间服饰无论颜色还是样式呈现单一化。改革开放以来，随着经济的不断发展，政治体制的不断改革，人民思想不断解放。服饰也开始多元化，比如风靡一时的港式服饰，流入国内的外国服饰，发展创新的传统服饰等，这是人自由而全面发展的一种外在表现，更是文化自信的外化体现。文化自信不是虚无缥缈的，而是体现在社会生活中的方方面面。进入新时代，我国的传统服饰文化在民间越来越受追捧，大学生衣着传统服饰成为常态，这充分说明人民的文化自信和文化自觉已上升到新的高度。

3. 中国传统建筑文化的德育价值

伴随着对中国传统文化的重视，中国古代建筑也受到越来越多的追捧。但遗憾的是，许多古建筑随着社会历史发展而被拆卸或摧毁。因古建筑逐渐消失，人们也开始重视对古建筑的保护与传承。大江南北的中国传统建筑，作为物质文化遗产，它们很好地被保存下来，受到后人的瞻仰膜拜。古建筑虽然是静态文物，但文化是其活的灵魂。从传统建筑可以窥探我国社会发展变迁，以及人的宗教信仰、政治文化、习惯爱好等。中国传统建筑融合了古人的德育思想。具体来说，中国传统建筑的德育价值表现为以下几个方面。

（1）领略传统建筑，增强国家观念

建筑代表着一个国家的地域特色和风土人情，通过独特的建筑，有时一眼即可看出它代表哪个国家。中国的建筑在世界独树一帜，中国传统建筑的基本形式都是古人根据独特的文化创造的独特形式。在创造的过程中，中国人民在传统的中国建筑理念中融入了对祖国的热爱和美好祝愿。

（2）领略传统建筑，增强民族认同感

中国传统建筑虽然也吸收了外国建筑文化，但传统文化始终是主流。比如木质结构在世界建筑文化中独树一帜，具有鲜明的中国特色。北京的故宫、山西的乔家大院、江南的园林建筑、西北部的窑洞建筑等，都是地域文化的展现，更是民族文化的体现。了解中国传统建筑的同时也在认知中国的传统文化和民族特色，于不知不觉中增强民族认同感。

（3）领略传统建筑，建设长幼有序的和谐家庭

家和万事兴，中华民族历来重视家庭家风的培养建设，认为一个国家的根本在于和谐家庭的营造。中国传统建筑中体现出长幼有序的家风家教。中国传统的庭院以主单元（即正殿和主厅）为中心，次单元（即

两厢）围绕着主单元,一正两厢,形成一座建筑。庭院周围的建筑不是相互独立的,而是相互连接的。它的特点是室内外空间一体化,充满生活气息。虽然这种布局与中国封建社会的宗法制度和伦理制度密切相关,但如果我们站在辩证发展的立场上,家庭中最重要的成员(通常是最年长的一对)住在主房间里,其他成员住在不同的房间里,年龄有序,这反映了中华民族的传统孝道文化,也有利于家庭和谐统一,而孝道是德育内容中非常重要的一部分。如今的建筑中依然沿袭了孝道文化,长辈一般居于主卧或者上方,晚辈一般居于次卧或者次房,以此彰显对长辈的孝敬和尊重。习近平总书记多次强调关于家庭家教家风的建设,

2016 年 12 月 12 日,在第一届全国文明家庭代表会上,习近平总书记指出"我们要重视家庭文明建设,努力使千千万万个家庭成为国家发展、民族进步、社会和谐的重要基点,成为人们梦想启航的地方。"此后,习近平总书记在多个场合强调家庭家教家风建设,倡导人们努力建设和谐家庭。

（4）领略传统建筑,感受人与自然的和谐统一

现代建筑以简洁和稳固为主,但与古建筑相比缺少美感。中国传统建筑将人与自然完美地结合起来,其中蕴含着尊重自然、顺应自然的建筑结构,体现人与自然和谐共生的生态智慧以及人与自然和谐发展的审美取向等。

一方面,中国传统古建筑依山傍水,山水园林,体现对大自然界的尊重。中国传统古建筑往往是依山水而建,采取顺应自然、尊重自然的方式,根据地势特点别出心裁,而不是毁山开林、破坏自然。而且中国传统古建筑多是木质结构,木头源于自然界,古人认为这是自然的馈赠,是对自然界的崇拜,体现人与自然和谐共生的理念。

另一方面,中国传统建筑坐北朝南,冬暖夏凉,体现对人的关怀。建筑不仅仅是物质文化,也是人们的精神慰藉。中国传统建筑将物质文化与精神文化结合起来,不仅具有美感,也能够让人们的精神得到寄托。古建筑无论基本结构还是基本形式、高度朝向等,都将对人的关怀融入建筑结构中。在中国传统古建筑中,人们不仅感受到人与自然的和谐,更感受到精神的归属,灵魂的慰藉。

在历史的沧桑变化中,通过中国传统古建筑,可以看到古人的思想文化观念和哲学体系,而这些恰恰是传统建筑的灵魂,也是其美感的体现。在对学生进行德育教育时,可以结合我国建筑的发展史,向学生讲

述人与自然和谐共生的生态观、长幼有序的家庭观、担当历史使命的国家观等。

（三）中华优秀传统艺术文化内容

一个国家的传统文化是本国人民集体创造的智慧结晶，它可以展示一个民族的精神面貌和风土民情，是一个国家的灵魂与象征，是区别于其他国家最重要的标志。中国便是凭借着博大精深、绚丽多彩的传统文化屹立于世界文化之林而不倒，成为一道亮丽独特的风景线。在源远流长的中国传统文化中，传统艺术文化凭借其数千年的积淀，成为其中一个重要支流，以旺盛的生命力传承至今，历久弥新。

1. 中国传统音乐艺术与德育

音乐是人类共同的语言，一个简单的五线谱谱出喜怒哀乐的万千思绪，诉说酸甜苦辣的人间故事。作为艺术的一种形式，音乐寄托人的思想情感，释放人的精神压力，陶冶人的道德情操，提升人的文化涵养，使一个民族的精神更加高昂。

（1）中国传统音乐体现伟大民族精神

民族精神作为观念上层建筑，需要通过物的东西表现出来，音乐作为一种语言形式，确切地反映了一个人和一个民族的精神品质。中国传统音乐蕴含着中国博大精深的文化，具有强烈的感染力。音乐从一开始，就与本民族的物质精神文化分不开。

以我国传统乐器为例，唢呐吹响，二胡拉起，琵琶弹奏，我们的民族精神就不断迸发出来。现在很多人将音乐定义为娱乐消遣，过分强调娱乐性，其实是错误的。音乐向我们彰显了人们的美好生活，需要高雅的内容。正如习近平总书记指出的，要"用高尚的文艺引领社会风尚"。

（2）中国传统音乐陶冶道德情操

音乐一旦深入人心，感化人的速度是相当快的。而且音乐对于社会风气、民间习俗的转移、引导的功效也十分显著。孔子认为一个人的道德修养开始于学《诗》，诗歌促使个体向善求仁的自觉。自立于学礼，以礼仪来促使个人自立自强。完成于学乐，最后在音乐的熏陶下实现人格的养成。古人认为音乐和道德是分不开的。好的音乐可以培养人的各种美好品德，使人内心平和、修身养性、移风易俗等。

2. 中国传统戏曲艺术与德育

（1）中国传统戏曲艺术的发展

从广义角度来说，戏曲是戏剧的重要组成部分，是中国传统的戏剧形式。戏曲在漫长的历史发展过程中，形成了完整的舞台表演体系。

①戏曲艺术的萌芽期

民间歌舞作为戏曲艺术的形成源头之一，其历史可以追溯到原始社会时期。当时的歌舞其内容主要表现人们的爱情生活、图腾崇拜和狩猎生活等。原始先民通过狂热的歌舞，表现他们朴素、温暖的感情和放松、幸福、满足的心情，充分发挥了舞蹈使人们快乐的功能。

韶舞和武舞产生于殷商时期至西周时期，其主要功能是颂扬文治武功，这类舞蹈属于宫廷歌舞范畴，等级限制严格。但后来诸侯并起，打破了阶级的局限，开始逾制表演歌舞。其歌舞规模有时候甚至比天子的歌舞场面还要大。这说明当时的文化艺术形式得到了迅速的发展与进步。西周末年，出现了滑稽戏表演。滑稽戏艺术的最早创造者和来源便是优人。优人是对当时职业艺人的代称。优人对于人民的疾苦和生活非常关注，利用高超的语言技巧和准确生动的语言将劳动人民的情感、疾苦生活或者幸福生活充分表现出来，具备浪漫主义色彩的特征。戏曲便是在应用、继承和发展这种表演艺术的基础上产生的。

秦汉时期中国实现了大一统，社会整体趋于相对稳定的状态，中原文化占据主要地位，周边民族的乐舞屈居末流。汉朝时期经过先秦的快速发展，我国古代的经济得到了突飞猛进的发展，尤其是西汉初期产生的文景之治，使得手工业和商业迅速恢复和发展，一时之间，许多繁华的大城市涌现出来。与此同时，音乐艺术取得了长足的进步，秦汉时期是中国音乐文化发展史上的第一个高峰。

随后，乐府这一机构便被汉武帝设立起来。这一时期的音乐更加系统化、功能化和制度化。当然，汉代乐府的建立极大地促进了民间乐舞的保存、专业音乐的发展和民族歌舞的发展。

张骞对丝绸之路进行开发之后，汉族和西域各民族展开了经济、文化等方面的交流，也为民间艺术的融合提供了契机，使各种民间艺术大放异彩。百戏，在汉代包括各种技艺和歌舞，在民间各地广为流传，又称为"散乐"，与宫廷的"雅乐"对称。汉代百戏，对中国戏曲艺术的诞生起到了重要的作用。

汉武帝时期，民间还流行角抵戏。角抵戏是秦汉时特别流行的一种表演方式，它发源于一种格斗竞技类的活动，双方戴牛角进行互抵对抗，后加入了一些情节和动作，使其演变成了歌舞表演。在《史记·乐书》《述异记》中，可以看到一出名为《东海黄公》的角抵戏。《东海黄公》讲的是一个擅长法术的人，他名叫黄公，能腾云驾雾，还能轻松制服老虎，但后来因为年迈力衰、放纵饮酒，致使法术失灵，最后被老虎吃掉了。这出戏主要展现的是人和老虎搏斗的场面，故事情节较为完整，还加入了很多想象的内容，表演者也穿上了特定的服装并化了妆。表演动作上也有所突破，不再是简单的摔跤动作，而是借助舞蹈来表现人物形象，戏剧性更加明显。《东海黄公》这部戏剧说明角抵戏已经从根本上发生了变化，成为真正的戏剧。从《东海黄公》我们可以看出，该歌舞已初具戏曲的某些形态，首先，有完整的故事情节；其次，角色相对独立，有唱有表演；最后，有明显的戏剧冲突。相较于前代的歌舞而言，它更加具有实质性的突破。从此以后，广义的戏剧就成了以展现人物和表现故事情节为主的新的艺术形式。

在经历了汉朝400多年的统一局面后，中国进入了魏晋南北朝时期。当时的社会民不聊生，百姓流离失所，虽有各项发明和技术的进步，但也于事无补，不能从根本上解决这些问题，倒是动荡不安的局面使得各民族之间的文化有了相互交流的契机。魏晋时期民间艺术发展缓慢，基本上继承了歌舞百戏的传统。小戏就是在这样的境况下诞生的，它属于百戏（散乐）中的一种，兼具歌舞表演，与当时的滑稽戏各分戏曲表演的半壁江山。除二者之外的其余民间乐舞活动，融汇了先前朝代中百戏、杂耍的演出风格，再加上其他领域都将这一表演形式作为传播的途径，因此百戏在此时风靡一时。

这一时期比较著名的剧目有《拨头》《踏谣娘》和《大面》。他们中的角色、用到的表演手段等更加贴近现实生活，因此流传较为广泛。可以说，中国戏曲已初具模型，是历史推动下的一次大进步。

②戏曲艺术的形成期

唐代也是文学艺术发展的黄金时期，产生了句式长短不一的词和曲以及传奇小说，绘画、音乐、舞蹈等各种艺术形式呈现百花齐放的局面，这些都有力地推动了戏曲艺术的形成。在这样的背景下，戏曲的发展也兼容了胡、汉等民族的艺术元素。虽然新作不多，但其中"参军戏"一类的剧目则标志了中国戏曲的形成。它在早期的滑稽戏的基础上做了一些改编,是开元时期较为流行的新型戏曲。唐代戏剧是对汉代表演艺术的继承和发扬,既有故事情节和人物,还增加了演唱、舞蹈,同时还有伴奏和帮腔。

③戏曲艺术的发展期

两宋以来,中国的歌舞文化在时代变迁中不断发展,出现了引领时代的艺术成果,艺术重心由宫廷乐舞转向民间歌舞。此时,国家内部相对稳定,经济发展工商业繁荣,城市随之而兴,形成了市民阶层。与之相适应的市民阶层文化也应运而生,如说唱等民间表演艺术迅速发展,为后期戏曲的产生提供了社会条件。当时的戏剧中心有两个,北方以燕京为代表,南方以临安为代表。

南戏也叫"戏文",形成于北宋末期,主要流行于浙江和福建一带,后来流传到南宋首都临安。南戏作为一种综合性较强的戏曲表演形式,融舞蹈、演唱和念白于一体,吸取了多种演唱艺术的形式和风格,如民间小戏中包含的白、歌和舞,民间傀儡戏中包含的滑稽舞蹈,宫廷乐舞中包含的舞蹈和歌唱,滑稽表演中包含的筋斗、念诵和科讽,还有说唱和民歌。

④戏曲艺术的成熟期

到了元代,由于汉民族遭受异族的统治,汉族文人不仅在官场上不被重用,甚至在市井中地位都要低于娼妓和乞丐。可想而知,汉族歌舞在当时的发展也是步履维艰。元代作为少数民族统治的朝代,必然带来全新的歌舞风貌。此消彼长的关系,使不得志的汉人将大量的时间和才学投入到文学创作当中,元杂剧就是这样诞生的。它的出现标志着中国戏曲艺术的完整和成熟。元杂剧作为一种艺术,和宋词、唐诗一样,是一个朝代文化的代表,许多杰出的文人墨客在元杂剧方面留下了优秀的作品,甚至卓有成就。元杂剧的主要撰写者来自社会的不同阶层,除了专门撰写元杂剧的专业作家,创作主体还包括官吏、艺人、卜医者。元杂剧的专业作家由于在个人经历、文化修养和出身等方面存在很大的差别,最后形成的作品也有不同的风格,从不同的社会层面和角度将那一时期的社会风貌、思想意识、情感呈现出来。这恰恰说明元杂剧的作品具有人民性的特征,呈现出积极向上的色彩。

杂剧音乐在形成的过程中,借鉴和吸收了多种风格的民族音乐,特别是唐宋以来的传统民族音乐,说唱音乐和唐宋大曲、调笑转踏都是元杂剧丰富曲调形成的重要素材。因为这些曲牌可以相互借鉴和吸收,所以在多种音乐形式中都可以利用同一支曲牌。原先的曲牌会因为演变和流传产生改变，这也使得曲牌数量不断增加。

元杂剧在角色体制方面比南戏更完善，增加了很多种不同的角色，角色分工进一步细化，角色体制方面基本形成，有了正旦和正末。元杂剧的舞台美术达到了一个新的境界，脸谱艺术有了很大的发展，已经出现了红面、黑面、白面、五彩脸等很多种脸谱，在塑造角色时还经常使用面具。元杂剧舞台上的服装已经不再是生活服装，而是经过了艺术加工的演出服装。元杂剧的舞台装置与道具也与今天的戏曲演出更为接近。舞台正中有一块幕幔作为背景，类似于今天的"守旧"，起到了净化舞台，隔开前台、后台的作用，舞台两端是演员出入的上场门和下场门。元杂剧舞台上的道具和装置虽然还很简单，但它依然沿袭了中国戏曲虚拟写意的表演特征，透过它我们已经可以比较清晰地看出后世戏曲舞台的影子。

⑤戏曲艺术的繁荣期

明清两代由于资本主义萌芽的产生，俗文化获得了较大的发展，说唱、歌舞、器乐、民歌等艺术成为文化的主流，音乐艺术的民间化、世俗化特征愈加凸显。文人在民间音乐的发展中贡献了极大的力量，宫廷礼乐文化显得相对僵硬死板。在这样的大环境下，百姓的情感生活和审美情趣也随之发生了变化。他们更偏爱"俗乐"，于是说唱、歌舞和戏曲艺术开始流行起来，并且以极快的速度向各地区蔓延。它们在发展的过程中不仅相互融合，还不断吸收各地区民间小调中的音乐元素，因此诞生了许多新的说唱曲种和戏曲剧种。

经过不同时期的发展和完善，中国戏剧在明代逐渐完善。元末南戏的风头盖过了衰落的北杂剧，因此，在进入明朝时，从南戏延伸出了一种新的戏曲形式——传奇，并一度成为明清时期最主要的表演形式。明代传奇以其华美精致的特点受到人们的喜爱。在编剧和表演技巧方面，传奇都有了显著的进步。传奇的结构较自由，内容主要是民间流传的古怪传说，篇幅相对杂剧要长出许多，因此出数也相应地不受限制。调式方面不局限于同一宫调，唱腔上形成"弋阳腔""余姚腔""海盐腔""昆山腔"四大声腔并行流传的格局。

戏曲创作发展到这一时期，逐渐形成了三个具有显著风格的流派，分别是以沈璟为主的吴江派、以汤显祖为主的临川派、以梁伯龙为主的昆山派。其中，昆山派的特色在于优美的辞藻和典雅的曲词。吴江派更加强调声调合律和文字词语的本色，简而言之便是文字的质朴性，沈璟在后期编写的作品中使用了淳朴的文字和朗朗上口的韵律。汤显祖作为临川派的重要代表，他认为戏剧创作要以内容作为出发点，利用文字将才华和情感抒发出来，对于道学作风提倡的虚伪和格律观念持反对意见。阮大铖、吴炳和孟称舜都属于临川派的代表。

明代戏曲从前代各种表演艺术中汲取养分，加之民间艺人和爱好戏曲的文人的努力和探索，它不断走向繁荣，在唱、念、做、打以及舞台布景方面不断完善，拥有了更加丰富和成熟的写意手法，能够采用多种虚拟的方式表现舞台场景，推动了中国戏曲艺术表演体系的形成。

自从清朝建立以来，士大夫们十分喜爱和认可昆腔，当时昆腔主要在南方的苏州和杭州地区、都城北京一带流传，一时之间，昆腔被认为是"雅部正音"，民间戏班和家班的演出非常频繁，备受欢迎。后来越来越多的家班加入民间戏班市场，职业演员之间的演出非常激烈，这也推动了昆腔的良性发展，拉近了与老百姓之间的距离。明末清初是昆腔传奇发展的顶峰时期，涌现出一大批优秀作品，在宋元南戏和元代杂剧之后，掀起了戏剧创作的高潮。

清朝初期，雅部昆曲和花部剧种之间展开了激烈的竞争，与此同时，京剧应运而生，此时各种声腔艺术达到了高度的融合。京剧的诞生和形成大约在公元 1790—1840 年间，总体上分为三个阶段：徽班进京、徽汉合流、代表人物的出现与剧种的确立。公元 1790 年，三庆、四喜、春台与和春四大徽班从安徽来到京城，逐渐发展成一支庞大的花部剧种。在声腔方面，徽班兼容并包，最初有昆曲、二黄等不同的声腔，后来以西皮和二黄为主，在剧目和表演方法上也融合了多种艺术形式，满足了观众不同的审美需求，成为京城剧坛的主流。

（2）中国传统戏曲艺术的德育价值

戏曲艺术是中华民族优秀传统文化的瑰宝，是国家宝贵的文化遗产，戏曲沉淀着中华民族的智慧和精神，其中蕴藏着丰富的德育元素，具体来说，戏曲艺术的德育价值表现为以下几个方面。

①唤醒学生爱国情感，促进德育渗透

首先，从形式上来说，戏曲作为中国一种独特的文化，了解它、学习它本身就是一种爱国的表现。戏曲作为文化瑰宝，在漫长的历史发展中不断传承，直至走出国门，国人热爱它就犹如热爱自己的国家。

其次，从内容上来说，戏曲作为中华优秀传统文化，内涵丰富、形式多样。在不同种类的戏曲当中，都可见孝道、忠信、礼义等中华传统美德。这一个个故事的演绎影响着中华儿女，增强其内心的爱国主义民族精神。这种感受不是课堂的显性教育，而是润物无声的隐性教育。通过戏曲，德育犹如春雨般渗透到学生的心中。例如，教师在带领学生观看《红灯记》京剧表演时，教师可以先向学生普及《红灯记》的背景，然后再引导学生逐步分析《红灯记》的情节。这一教学步骤可以最大限度地激发学生参与戏剧学习的兴趣，鼓励学生专注于戏剧学习。同时，教师可以根据学生的回答补充故事，以增强学生的文化认同感，在学生互动过程中最大限度地激发学生的民族精神，将学生的民族感情提高到更高的水平。

②培养优秀道德品质，树立正确价值观

俗话说，戏如人生。戏曲通过塑造一个个生动的故事，向世人展现善恶美丑、忠奸真伪的道德品质。在观看戏曲的过程中，大学生带着已有的价值观去评价戏中人物的价值观，在两种价值观的碰撞中，激发大学生内心潜在的道德意识，树立正确的价值观念。例如，在引导学生学习《花木兰》选段时，教师应通过分析和解释故事，帮助学生了解花木兰的优秀品德，让学生在生活中更加尊重父母，热爱祖国。不断欣赏和学习此类歌剧，可以帮助学生逐步建立正确的思维方式，并在潜移默化的学习影响中获得为人处世的道德行为标准。

③继承优秀民族文化，传承优良美德

中华民族上下五千年，被继承发扬光大的优秀传统文化数不胜数，其中，戏曲堪称代表。戏曲是我国无数辈人积累沉淀的文化精华，一代又一代的人将自己的生活融入戏曲当中，通过戏曲来展现个人人生、社会发展、国家情怀、民族大爱等。作为观看者，通过戏曲不仅看到人们多姿多彩的生活，更可以看到一个国家、一个民族的发展轨迹，感受历史文化的魅力和优良美德的传承。例如，《岳母刺字》中向我们演绎了岳飞的精忠报国和岳母的宽厚仁爱。大学生在了解与学习这些戏曲时，一方面继承了中华优秀传统文化，另一方面从戏曲的人物中学习优良美德，为今后融入社会、造福人民、担当重任打下坚实基础。

3. 中国传统舞蹈艺术与德育

（1）中国传统歌舞艺术的发展

①起源时期的歌舞

起源时期的歌舞包括了从原始社会时期到夏商周时期的歌舞。在人类社会鸿蒙初开的时候，诗、乐、舞本是一体，它们相互勾连，共同构成了那潜藏在人类基因密码中的本能，在彼时的人类那里，不管是情绪情感的发泄还是思想愿望的表达，都可以通过歌舞动作来直观地表达出来，在进行歌舞的时候又自然少不了音乐的伴奏。

中国自古以来就有"记史"的习惯，在其他民族早已隐秘无闻的原始歌舞记录，在我们的古代文献中依然可以隐隐约约觅见其踪影。虽然这些内容并不完全是一种真实，总是掺杂着后人的想象、臆测，甚至功利的目的，但是无论怎样，都不失为中国原始歌舞发端的重要参考资料。

在我国原始社会时期，载诸史册的歌舞，有伏羲氏的乐舞、神农氏的乐舞以及属于黄帝的乐舞等等。例如《扶来》这首歌的歌词虽然是后人所作，却生动地表现了伏羲发明网罟，改善人们的劳动条件，给先民带来了利益和温暖。

神农氏即炎帝，是与黄帝同一时代的另一部落的首领。神农氏也为人类文明在黑暗中的进步做出了重要的贡献，最终的事迹莫过于"神农尝百草"。神农氏冒着生命危险，在原始人类对自然界依然混沌无知的状况中，亲身试验，为人们分辨出哪些是毒草，哪些是良药。虽然与黄帝的斗争失败了。但是人们依然铭记着他的贡献。为了纪念神农氏的功劳，人们为他献上了《扶犁》之舞。

根据文献记载所言，传说中黄帝被视为华夏民族的一个图腾，每逢国家祭祀大典，海内外的中华儿女，尤其是身在异国他乡者都不辞遥远过来参加，异常隆重，黄帝成为团结民族血脉的一根纽带。黄帝的乐舞叫作《云门大卷》，简称《云门》，又名《承云》。之所以名为《云门》，说的是当初在黄帝即位的时候，天上出现了奇异的祥云，并创制乐舞予以祭祀。云的图案也和黄帝深深地联系在一起，《云门大卷》不仅作为一种图腾崇拜而存在，其本身也是对于黄帝本身的崇拜，象征着黄帝盛德如云，团聚万民。

商代歌舞的发展与祭祀和巫术难以脱离关系。商代是一个神权至上的时代,大事小情、事无巨细地都要"问鬼神",从国家的祭祀、征伐到农业的丰歉、天气的阴晴、人的生老病死等等都要问清鬼神的意思。一直与商代为我们后世留下的第一份关于人类文字文明的记录——甲骨文,也几乎是一个完完全全的祭祀活动资料库。在商代,巫具有很高的社会地位,他们主持祭祀占卜活动,替统治者沟通神的旨意,传达神的意志。在这个过程中。跳舞娱神的活动是必不可少的。"巫舞"的产生也就理所应当了。据说禹因为长年奋斗在治水的前线,双腿泡在水中,于是腿部患上了疾病,走起路来迈不开步子,只能一点点地挪动。由此而演变出了一种舞步。这种舞步步伐较小,在后世经过了诸多的改进和完善,据推测,这种舞步可能正是后世一种比较美的小碎步的雏形。这种小碎步如快走急行,则飘飘欲仙,后来的戏曲中也多有运用。

周人取代了商人的统治,并不仅仅是改朝换代这么简单,这背后更加深刻的逻辑是——从此奴隶制度结束了,封建领主制度在中华大地上建立起来了。周朝建立后,将全国范围内的土地都分给了自己的亲属和功臣,并设立了一套系统完备的宗法制与之互为表里来维系封建统治。此时的周人虽然依然对鬼神迷信等事心存敬畏,例如他们依然保留了"舞雩"求雨的风俗,求医问药的时候也常常不自觉地和巫术结合起来,但是这时的周朝统治者已经不再将自己的统治居于鬼神之下了,周天子认为自己是"天之子",直接领受天命,可以根据自己的意志来实行统治,王权统治已经居于神权统治之上了,乐舞娱神、通神、求神的社会功能也在悄悄发生改变,而更多地用来服务于周朝的统治,这就是礼乐制度。在统治阶层内部,不同的等级享用的歌舞规格和歌舞内容并不相同,在不同乐曲的陶冶之下,人们会对自己的阶层产生带有深厚情感的认同感。

东周包括"春秋"和"战国"两个时期,这是一个动乱、变革的时期,动乱不仅发生在天子与诸侯之间,诸侯王内部也是尔虞我诈,相互攻伐。但是在社会文化制度方面,西周时期确立下来的礼乐制度已经形同虚设了,这对于歌舞文化最大的影响就是生机蓬勃的民间乐舞兴起了。当然,民间乐舞一直是活跃在人民中间的,著名的《六代舞》《六小舞》中也吸收了民间歌舞的诸多养分。但是在春秋战国时期,民间歌舞已经无须活在官方礼乐的阴影之下了。艺术总是在崩坏与新生之间生生不息。在东周时期,我们可以看到,一边是令贵族们痛心疾首的"礼崩乐坏",另一边是民间歌舞逐渐走上历史舞台。今天我们翻开史书,类似

"八佾舞于廷"的案例屡见不鲜,当时的史家无一不对这种现象持批判的态度,但是却无意中为我们留下了大量关于民间乐舞的生动资料。从史料中我们可以看到,民间乐舞的兴盛,并不是到了春秋战国时期才突然崛起的,在此之前,民间乐舞也在民间流行着,只是到了后来礼崩乐坏之时,人们在自己的行动中(更重要的是在观念中)有了更多自由,乐舞活动才变得更加引人注意,不再羞怯于自己的存在,也有更多人,甚至许多贵族,都更愿意加入民间舞蹈的活动之中。例如,在春秋战国时期,民间有"雩舞"的风俗,这种舞蹈一边是求神祭祀,一边是群众的自娱自乐,《论语》中孔子津津乐道的"吾与点也"指的就是这种舞蹈。

②成熟时期的歌舞

成熟时期的歌舞包括了从秦汉时期直到唐宋的歌舞发展过程。

秦朝因为国祚不常,在歌舞上并没有太多可圈可点的建树,到了汉代歌舞的发展才真正标志着歌舞开始走上了成熟阶段。在汉代,歌舞繁荣的背后是大汉王朝曾一统天下,并善于治理所塑造出的历史上前无古人的大国局面,经济高涨、政通人和、气魄宏伟、波澜壮阔。这样的文化自信也激励着汉人在歌舞上达到更高的造诣。对于汉代舞蹈来说,宏大的气魄不仅是向内的,同时也让他们望向更为广阔的世界。

汉代歌舞中最著名的是对于舞袖和舞巾的运用,通过千姿百态的长袖和长巾在空中的翻飞,可以表达语言难以言传的思想感情。舞袖和舞巾可以创造出一种飘逸多变、空旷无垠以及柔软回旋的舞蹈氛围和舞蹈的韵律感。使人产生超尘出世的美感。腰、肢美感的运用也使得汉代歌舞具有更强的表演性。在现存的汉代画像石砖中,舞蹈者基本上都有着窈窕灵动的杨柳细腰。这一点既是汉代独特的审美追求,也受到了先秦时期楚国的影响。韩非《二柄》载"楚王好细腰,国中多饿死"。虽然这句话有讽刺批判统治者的意思,但是也反映出当时人们的审美风尚中确实认为好的腰功可以使得舞姿变得更加的柔美灵活富于弹性,体态也能够更加轻盈窈窕,这样的审美理念在后世也基本上被延续了下来,直到今天。

"飞天"是中国人自古以来的情节,从上古时期的飞天神话直到古代的敦煌壁画中,都将这一追求展露无遗。屈原作《天问》,曰:"遂古之初,谁传道之,上下未形,何由考之",庄子《逍遥游》中讲到大鹏鸟飞腾而上九万里,飞翔是古人对于精神自由的外在化向往,是农耕民族人们超越现实桎梏的心灵寄托。在古代,如果说儒家哲学能够帮助人在现实社会中处理好种种关系,那么道家学说、黄老之术的目的便是给人提供灵魂栖息地。赵飞燕,汉成帝的皇后,虽然在史书上她是一个恶毒的女人,但是这并不是我们今天要论述的,从舞蹈的角度来看,赵飞燕是一个不可多得的舞蹈天才,据传她的舞姿确实已经达到了非常高超的地步。正是由于她那绝妙细碎的舞步才产生了如同"飞燕"的艺术效果。

中国的历史到了隋唐五代时期已经步入成熟,封建制度趋于完善,经济也达到了殷实富足的状态。但是尤其难能可贵的是,在经历了长达四百年的动乱分裂之后,这一时期的社会风气却洋溢着天真与包容,在饶有才情的统治者的倡导下,宫廷音乐大放异彩,民间音乐也充分满足着广大人民的音乐需求。那富有野性和柔情的外来音乐,不管是作品还是乐器,在中华大地上也得到了广泛传播,对中国文化生活最为重要的戏曲也产生了萌芽。

③衰落时期的歌舞

宋代歌舞作为一种精致的表演艺术,不像汉唐时期那样流行。这一时期,舞蹈表演和舞蹈活动创作缓慢,社会缺乏专业舞蹈团体,舞蹈活动以民间娱乐为主。但是就如所有的衰落之中都不会没有新生一样,这一时期虽然专业性的歌舞远不如前,但是民间歌舞却得到了比较大的发展。另外,戏曲音乐的崛起也将传统的歌舞艺术吸收进来,也不能不说是被赋予了一种新生命。

明清时代,一些受戏曲影响的民间舞蹈在明末清初逐渐退化为戏曲。民间舞蹈与人类习俗和宗教信仰密切相关。他们是业余或半业余的。因此,民间舞蹈在繁荣和衰落的时期被禁止了数千年,但无论统治者和民族怎样变化,人们都坚持用自己的身体和智慧来继承、发展和改造民间舞蹈。

中国的歌舞从明清以后,逐渐为戏曲音乐的风头所压倒,宋元以后蓬勃兴起的戏曲艺术,是在继承、融合前代多种艺术形式的基础上发展而成的。歌舞,作为戏曲艺术大厦的重要构成部件,与之相伴相生,共同形塑了传统表演艺术的辉煌。

（2）中国传统歌舞艺术的德育价值

①使学生具备良好品质与性格

对任何学生而言,想要练就一身武功就必须付出相应的努力与艰辛,学生正处于道德品质养成的关键期,有效的舞蹈训练能恰到好处地培养学生坚韧的意志力与顽强拼搏的精神。

②加强学生身体素质，提高他们形体与气质美感

舞蹈是人体动态美的精华所在，通过科学的舞蹈训练，能够有效提升学生身体各部位的协调性与灵活性，增进骨骼发育，加强身体素质，促使学生内在气质与外在形体习惯的养成，并为学生在未来充满自信地学习与生活打下良好基础。

③培养学生的审美观念与综合素养

舞蹈可以调动人体内心、情感、表情、动作、姿态等多种心理与生理机能，让学生的感知力、记忆力、想象力、思维创造力等方面得到充分锻炼，为学生们构筑了内心欣赏美与创造美的空间。

二、中华优秀传统文化融入高校德育教育的路径

（一）构建基于中华和谐传统的大学生德育目标

德育目标是指通过教育活动使受教育者的思想品德实现社会或社会群体所期望达到的总体规格要求，也即德育活动所期望达到的结果。德育目标从内容上可以划分为观念性目标和指令性目标；从时间上可以划分为短期目标、中期目标、长期目标；从层次上可以划分为广泛性目标和先进性目标。一个社会的德育目标具有历史性、阶级性和民族性。德育目标会随着社会历史的发展而发展，没有一成不变的德育目标。德育目标也总是为统治阶级服务的，德育目标反映了一个民族的风俗习惯、文化传统、思维方式等。德育目标也具有继承性，中华民族五千多年的历史发展，虽然具体的德育目标不尽相同，但是总有一脉相承的内容，表现为中国传统文化中的"和合伦理"。

1."人与自然和谐"的德育现实价值

在中国传统文化中，历来强调"天人合一""和合共生"，例如儒家思想文化中的"天人合一"认为人与自然界是平等共生的，人类不能够无序开发自然界，否则，就会遭到自然界的报复。道家思想强调"道法自然"，认为"道"遵从自然法则，自然界有其运动的规律，是不以人的意志为转移的。中国传统的物质文化、艺术文化、传统节日与习俗、科技文化等都体现着强烈的与自然和谐共处的哲学道理。比如传统的中医

学特别重视自然环境对人的身体素质和健康疾病的影响,中医学认为人与自然和谐关系的破坏,是人生病的主要原因。放眼全球,埃博拉病毒、猴痘病毒、新冠肺炎疫情等,都在向我们说明古人把人类健康和自然界联系起来的观点是正确的,这对当今世界具有积极和重大的意义。

2. "个体身心和谐发展"的德育现实价值

中国传统文化历来重视个体的身心和谐发展,注重个人道德修养和人格培养。比如,老子认为"知人者智、自知者明",儒家思想也特别重视个人身心内外和谐发展,孔子认为每个人应该保持平和、恬淡的良好心态,提高个人修养。孟子认为做人应该"存其心,养其性。修身以之,所以立命"。一个人保存其内心,修养德性,必须要学会修养自身,才能安身立命,保持个人身心和谐发展。因此儒家提出"修身齐家治国平天下"的著名思想。一个人只有先修身养性,才能保持家庭和睦,才能治理国家,平定天下。可见,保持个人身心和谐是做好其他一切事情的前提条件,一个社会想要和谐,必须注重个人道德修养,这样才能实现真正的和谐社会。

(二)完善基于中华传统伦理道德的大学生德育素材

道德是一个民族的灵魂,是一个社会的底色,是国家富强民族进步的精神动力。五千年来,中华民族历来重视道德建设,崇尚道德建设,并以实际行动不遗余力地推行道德建设,道德建设贯穿中华优秀传统文化的方方面面。中国共产党成立以来,继承中华优秀传统文化,重视政党道德建设和公民道德培养,提出"立德树人,以德为先"的理念。结合习近平总书记的重要讲话和我国传统文化以及学校思想政治教育内容,对其进行归纳总结,将学校德育的主要内容概括为两个基本方面:大德教育、公德教育。

1. 大德教育

所谓大德,即大的道德,大的德行。在中华优秀传统文化中,大德一般指具有国家责任,担当国家大任,有"先天下之忧而忧,后天下之乐而乐"的胸怀。在当代,大德一般指拥护中国共产党领导,热爱社会主义国家,认同中国特色社会主义理论体系,自觉投身中国特色社会主义事业建设,为实现中国特色社会主义共同理想和共产主义远大理想而不懈奋斗。在一个国家的道德建设中,大德是根基,根深才能叶茂。中华传统文化对大德的理解和当代对大德的理解一脉相承,其中都包含着深厚的爱国主义、集体主义、理想主义等。具体来说,大德的内容主要有以下几个方面。

（1）爱国主义

爱国是一个人最基本最深厚的情感。中华民族之所以绵延五千年,生生不息,一个重要的原因就是爱国。爱国主义就像一颗无形的种子,一代又一代的中华儿女将爱国主义深埋心中,在危难时刻将它播撒出去,形成巨大的力量,以保护国家和国家的儿女。因此,中国人的家国情怀根植于中国人内心,形成强大的意念。

自古以来,中国人就具有强烈的历史使命感和社会责任感,他们勤勉爱国,忧国忧民,为国家为人民甘愿奉献。伟大的爱国诗人屈原与腐朽势力作斗争,不妥协不向恶势力低头,宁可投江葬身鱼腹,他的诗歌充满强烈的爱国主义,成为千古流传。南宋爱国诗人文天祥目睹朝代易主,军民遭屠杀,誓死不投降,留下"人生自古谁无死,留取丹心照汗青"的千古绝唱。南宋爱国将领岳飞面对山河破裂,为了驱赶侵略者,保护国土和百姓,维护宋朝统治,奉献自己传奇一生。他们胸怀大义,心系国家,坚持"苟利国家生死以,岂因祸福避趋之"的理念,一生都在为国家为人民不懈斗争,在他们的人生里,我们可以感受强烈的爱国主义情感。正因为无数这样爱国人士存在,在跌宕起伏的朝代,中华民族得以延续,中华文明得以发扬。

现阶段,爱国主义主要表现为拥护中国共产党领导,热爱社会主义伟大祖国,为维护祖国统一,民族团结,实现中华民族伟大复兴贡献力量。

（2）集体主义

集体主义指一切从集体出发,当集体利益和个人利益发生冲突时,个人利益要服从集体利益,必要时牺牲个人利益。集体主义和个人主义相对立,个人主义坚持个人利益至上,为了个人利益不惜牺牲一切。中华民族历来坚持集体主义,反对个人主义。个人主义对于一个国家一个民族来说是不可取的,如果个人主义盛行,对一个民族来说危害性极大。

集体主义在古代社会表现为民族大义,往往和爱国主义相融合表现

68

为精忠报国、礼义忠信、克己奉公、见利思义等。古人对中华民族和文化具有强烈的归属感、认同感、荣誉感和尊严感。修身齐家治国平天下,这是他们伟大的历史使命,深深烙印在他们心中。伟大爱国将领戚继光抗击倭寇,郑成功收复台湾等。他们表现出强烈的民族自尊心和自信心,为保卫祖国,捍卫国家主权而献身。当民族危机深重,当国家面临生死存亡时,古人挺身而出,抛却个人利益,把民族集体利益放在个人利益之上,恪守民族气节。

在社会主义社会,集体主义通常指无产阶级的集体主义,主要表现为个人利益和集体利益相冲突时,坚持个人利益服从集体利益,为集体、国家和民族牺牲个人利益。社会主义制度的建立,为集体主义实现创造了条件。因为社会主义基本经济制度实行生产资料公有制,基本政治制度实行人民代表大会制度,都坚持人民利益至上,因此,在社会主义条件下,个人、集体、国家的根本利益是一致的。集体利益要以个人利益实现为基础,只有个人利益得到充分的保障,才会激发人民的积极性,为实现集体主义而奋斗。同时,个人利益实现以集体利益实现为保障,只有在集体中,个人才能实现全面自由的发展。

现阶段,集体主义主要表现为坚持人民利益至上,把人民利益放在第一位,全心全意为人民服务,自觉服从集体利益。

(3)中国特色社会主义共同理想和共产主义远大理想

理想信念是一个人未来发展的方向,是人生的动力,其中理想是目标,信念是精神支柱。缺乏理想信念,人生就会迷失方向,生活就会毫无意义。中国传统文化中古人的理想信念和当代社会的理想信念虽然具体内容不同,但是无论古人还是现代人,都在为实现理想信念而不懈奋斗,这种精神一脉相承,值得学习。

在中国传统文化中,古人志士心怀天下,愿意为心中的理想信念而奋斗终生。春秋战国时期,孔子周游列国,讲学宣政,希望君主能够"以仁治国",虽然处处遭到排挤诋毁,但是直至去世依然没有放弃对自己所构建的社会理想的追求。西汉史学家司马迁虽然遭受宫刑,但是依然忍辱负重,不忘自己的理想信念,最终完成了名传千古的《史记》。北宋改革家王安石、范仲淹致力于改革封建社会弊端,以改变宋朝积贫积弱的现状,虽然处处碰壁,但是他们排除万难,依然坚定不移实施改革,为国家繁荣富强做出巨大贡献。古代无数志士毕生都在不断追寻崇高的道德修养和社会理想,他们读万卷书,行万里路,具有自由思想与独立精神,勇于为国家和社会发展提出自己的主张,为国家繁荣和社会安定起了重要作用。

中国共产党成立以后,坚持以马克思主义为指导。马克思主义是由马克思恩格斯创立并由后人继承不断发展的学说。马克思恩格斯的一生也是为理念信念不懈奋斗的历程。马克思恩格斯出生于富人家庭,本可以一生无忧无虑生活。但是在早期的社会生活中,马克思恩格斯胸怀天下,将目光投入穷苦大众身上,站在无产阶级的立场上,抨击当时的统治阶级,遭到多次驱逐。即便如此,马克思恩格斯也没有放弃自己的理想追求,一方面揭露资产阶级的基本矛盾,抨击资本主义经济政治的固有弊端。另一方面,站在全人类的角度,为人类自由全面的发展提出设想,创立科学社会主义理论,认为人类未来的理想社会是共产主义。马克思主义为人类社会发展指明新的方向,俄国十月革命一声炮响,将社会主义理论变为现实。马克思主义传到中国,给党和正处于迷茫困惑的人们带来希望。中国共产党毅然选择马克思主义,在马克思主义指导下,中国发生翻天覆地的变化。从选择马克思主义开始,无论任何艰难险阻,中国共产党带领中国人民高举中国特色社会主义伟大旗帜,为中国特色社会主义伟大事业不懈奋斗。未来,我们朝着共产主义远大理想的方向前进,需要一代又一代人,秉承古人追求理想信念的精神,接续奋斗。

2. 公德教育

公德从本质上来说,是一个国家和民族,在长期的社会历史发展中,积淀形成的道德准则、思想观念和文化传统。它表现为公民道德建设、社会公德建设、家庭美德建设、职业道德建设。

(1)公民道德建设

古人十分重视公民道德建设,根据长期的历史积淀,可将其归纳为忠、孝、义、仁、礼、智、信等。比如"天下兴亡,匹夫有责"和"大道之行,天下为公"的忠义观。有"慈孝之心,人皆有之"和"老吾老,以及人之老;幼吾幼,以及人之幼"的忠孝观。有"穷则独善其身,达则兼济天下"和"以公灭私,民其允怀"的仁礼观等。古人关于公民道德建设在几千年的发展中不断发扬光大,始终是社会发展的基本伦理道德。在社会主义条件下,公民道德建设在吸取优秀传统文化的基础上,不断发展。

（2）社会公德建设

社会公德具有基础性、全民性、稳定性、简明性和渗透性等特点。它在一个社会道德体系中处于基础地位，是社会全体成员必须遵守的道德规范，它的内涵一般不用过多解释，渗透到社会生活的方方面面。社会公德一般相对稳定，几千年来，人们约定俗成，世世代代遵守公共生活中最一般最基础的规则。中华优秀传统文化中有"路不拾遗""夜不闭户"的典故，今天我们有"拾金不昧""国泰民安"的做法。中华优秀传统文化中有"不蔽人之善，不言人之恶"的观点，今天我们有"待人谦逊""文明礼貌"的礼仪传统。因此当前，我们所追求的社会公德建设，是对中华民族传统美德的继承，也是结合时代发展赋予新的内涵。社会公德作为人类社会中最简单的行为规范，和每个人的切身利益息息相关，每个公民都应该积极践行。社会公德作为社会主义精神文明建设的基础工程，应该大力宣传普及，鼓励人们成为社会的好公民。

（3）家庭美德建设

"家是千万国，国是千万家"，国家是由一个个家庭组成的，家庭美德建设关系到国家道德建设的成败，关系到社会的安定团结。我国自古以来就倡导尊敬父母，赡养子女，强调长幼有序。比如"孝有三：大尊尊亲，其次弗辱，其下能养"。古人认为孝顺父母可以分为三个等级，最高的孝顺是充分尊敬父母，其次是使父母不受辱没，最低等级的是仅仅赡养父母。可见在古人看来，孝敬父母首先必须赡养父母，在当前社会，如果不赡养父母，会被世人唾骂，甚至受到法律的制裁。其次孝敬父母要使父母不以自己为耻。子女在外要时刻谨记父母教诲，遵守社会道德规范和法律法规，不做让父母丢脸受辱的事情。最后孝敬父母要学会尊敬父母。父母给予子女生命并将子女抚养成人，在这个过程中，可能有意见不一致时，子女应该学会和父母沟通，尊敬父母的意见。当然，父母也有义务去赡养子女，教导子女。除此之外，家庭美德还表现为男女平等。

在奴隶社会和封建社会时期，男女关系不平等，在封建伦理三纲五常中，有一纲即为"夫为妇纲"，认为女子一般是男子的附属品，在家庭中没有地位。当前我们已经抛弃这种落后的思想，提倡男女平等。家庭美德还表现为夫妻相处和睦，俗话说，家和万事兴，夫妻关系是家庭关系的核心，是家庭幸福的前提和保障。夫妻关系影响子女父母之间的关系，所以夫妻之间应该坚持平等互爱的原则，做到"携手白头""举案齐眉"。在家庭生活中,还应该坚持勤俭持家。勤俭持家是我国传统美德。我国自古以来就流传勤俭持家的哲学典故,比如诸葛亮的"静以修身、俭以养德"。当前我国物质财富极大丰富,但是勤俭节约的优良传统并没有过时,习近平总书记提出的"光盘行动"就是倡导我们学会节约,避免浪费。邻里关系也是影响家庭和谐的重要因素,因此,家庭美德中提倡邻里和睦。我国劳动人民历来重视邻里团结,比如"远亲不如近邻""孟母三迁"等。

习近平总书记特别强调家庭家教家风的建设,家庭关系影响社会文明进步,家教家风关系下一代的培养和健康成长。新时代,我们依然需要大力倡导家庭美德建设,使每一个家庭都充满幸福美满和谐,建立具有真正美德的家庭。

(4)职业道德建设

职业道德是所有员工在职业活动中应遵守的行为准则。良好的职业道德是每一个员工都应该具备的品质。中华优秀传统文化中关于职业道德建设的理论观点虽然没有明确表述,但是仔细研究会发现,古人对于职业道德建设相当重视。比如"在其位谋其政,任其职尽其责",言简意赅地向我们说明不管在什么职位,都应该履职尽责。职业责任感和使命感对任何岗位来说都相当重要,是从业员工应该具备的最基本品质。只有爱岗敬业的人,才会在自己岗位上勤勤恳恳,甘于奉献,为国家为社会做出贡献;才会一丝不苟,精益求精,为行业发展做出贡献。中华优秀传统文化中倡导"货真价实,童叟无欺",认为"经商欺生,自断财路"。这其实向我们说明诚实守信的重要性,这也是职业道德的一种表现。诚实守信是中华民族传统美德的一个重要内容,先秦时期,就已经开始使用诚信,认为"诚"即诚实,"信"即信守诺言,强调"勿自欺,勿欺人""言必信,行必果"。孔子认为"信"是一个人的立身之本,没有诚信,就失去了做人的基本条件。中国共产党成立以后,进一步加深对诚实守信的认识和理解。当前大学生的诚实守信意识普遍淡薄,应将诚实守信作为社会主义道德建设的重点加以教育。除此之外,职业道德还表现为公平公正、服务群众、贡献社会等。任何职业服务的对象都是人民群众,理应坚持为人民服务的理念,坚持集体主义的观念,贡献社会。2019年,新型冠状病毒来势汹汹,无数的白衣天使坚守职业道德,在自己的岗位上默默奉献,为广大人民群众阻挡一次又一次的病毒袭击,成功保护人民群众的生命财产。我们应该大力倡导这种职业道德,鼓励人们成为中国特色社会主义事业的好建设者。

　　道不可坐论，行不能空谈，要加强道德建设，必须大力倡导公德教育，让坚守公德成为每一个人所具备的基本品质。

第四章

新时代高校立德树人之保证：与法同行

古往今来，人们对法治概念的理解多是在国家治理层面，通过与德治、礼治、人治等概念加以比较来对法治的概念加以认知。简单来说，法治即按照法律来治理。不同时期，国家治理的模式会不断更替。通常来说，每一个时期都有一个主导的治理观念。现如今，法治已经成为一个富有现代性的理念，因此在各个领域都得到了推崇，其中在教育领域也不例外，法治教育成为当前大学生教育的一项重要内容。

第一节　法治教育的一般理论

既然是对法治教育进行研究,那么核心必然是在法治上。对于法治,其理解可以说是多种多样的,本节就来分析法治这一核心概念。

法治作为一种基本方式,在现代国家治理上有着非常重要的意义。法治主要在于依法治国、依法行政,对人权予以尊重与保护,在法律面前人人都应该是平等的。

在现代国家治理上,法治被认为是社会文明的典范与基石,法治的目的在于实现正义与公平。实际上,法治就是要求运用法律对人权加以保护,对社会力量进行统筹,对社会关系加以调节,对社会利益加以平衡,对社会行为加以规范,从而将法治的规范作用发挥出来。

在社会转型时期,随着地区之间存在明显的差异,贫富差距也开始出现,导致资源出现了明显的分配不均的情况,人们对法治有着强烈的渴望,希望通过法治的力量对公平与正义加以保障。国家也需要依靠法治的力量来维护国家的安定与和谐。

一、法治教育的含义

通常来说,法治教育指的是教育者有计划、有目的地对教育者展开"依法治国"方略的教育与宣传,从而使受教育者能够具备法治意识,并且能够指导自身行为的一种活动。另外,法治教育还包含了对法治思想、法治制度、法治原则等层面的教育,通过法治教育,能够让受教育者对"法治"的概念有清楚的了解与把握,从而从内心对"法治"给予真正的信仰。

与法治教育相关的就是"法制教育",其指的是教育者对受教育者展开法律制度层面的教育,主要是让受教育者掌握基本法律知识与理论,让受教育者对基本法律制度有清楚的了解。

相比之下,法治教育的范围更为广泛,其不仅包含了法制教育的内容,还包含了一些新的内容,如对法治理念、价值等的教育,是法制教育更高层面的内容。

二、法治教育的理论资源

在当前世界范围内,法治这一思想得到了普遍的认同,但是各国由于文化传统的差异,导致对法治的认知也存在明显的差异。随着全球化进程的加快,中西方的法律文化逐渐趋向融合,差异在逐渐缩小,但是中西方的法治思想都对法治教育提供了借鉴意义。

（一）西方法治思想

西方法治思想是从亚里士多德提出的法治二要素开始的。在亚里士多德提出法治二要素之后,西方法治迅猛发展,也创新了更多的理论,如"三权分立""权利义务统一""人人平等"等。[①]

近代英国思想家洛克在《政府论》中明确了法律就是为了满足人们的幸福。[②]

经过不断发展,西方法治思想得以完善,甚至亚里士多德的关于良法的思想在后面的发展中有了新的定义,即与社会、历史等相贴近。

概括来讲,西方法治主要包含如下四点意义:

第一,对国家进行治理。

第二,必须是良法。

第三,必须设计一套制度。

第四,必须建立相应的法治原则。

（二）中国传统法治思想

理论上说,中国传统的法治思想可以从春秋战国时期算起。中国传统的法治思想主要代表人物有管仲、商鞅与韩非。

① 阿奎那.政治著作选[M].马清槐,译.北京:商务印书馆,1982:104.
② 洛克.政府论(下篇)[M].叶启芳,瞿菊农,译.北京:商务印书馆,1996:59-97.

从历史长河中分析,管仲被称作法治思想的先驱者,因为管仲最早提出了"以法治国"这一理念。在他所著的《管子·明法》一书中指出:"威不两错,政不二门,以法治国,则举措而已。"在这一前提之下,管仲认为除了要注重法治,还需要注重德治,实现二者的融合,这一理念对于今天有着十分重要的作用。

商鞅的法治思想主要在他的《商君书》中得以呈现,商鞅也被认为是法家思想的奠基者。商鞅与管仲相比,非常强调法的重要性以及对于法的具体应用。商鞅指出:"法令者,民之命也,为治之本也,所以备民也。"也就是说,法被认为是国家治理的根本。只有实行法治,国家才能安定下来。同时,商鞅还认为刑法不应该设置等级,这是对当时封建权威的一大挑战,体现出法律面前人人平等的理念。这对于现代的法治思想有着巨大的意义。

韩非被认为是法家思想的集大成者。韩非认识到法的意义,并且认为法影响着国家的强弱,提出"国无常强,无常弱。奉法者强则国强,奉法者弱则国弱"的观点。除了推崇法的重要性,韩非还认为法应该有效实施,因此成就了韩非的一套法治思想体系,这也将法家的法治思想推到了高潮,并逐渐成熟。

但是不得不说,商鞅、韩非的法治观点虽然有了质的飞跃,树立了法的威信,但是二人都未提出道德的意义,因此是对法的思想的过于夸大,因此是存在局限性的。

三、法治教育的内容与目标

(一)法治教育的内容

法治教育的目标在于提升学生法治品质,而这一品质不可能凭空产生,需要不断充实法治教育的内容,具体来说需要掌握法律知识、养成法治思维。

1. 掌握法律知识

公民的法律素养是一个国家文明程度高低的标志之一,核心依据在于公民是否掌握和积累了丰富的法律知识。

众所周知,要想懂法、守法,必须知法。掌握法律知识虽然不是法治教育的目标,但是是法治教育得以切入的关键点。如果学生缺乏基础的知识与意识,那么就很难产生法治意识与法治思维。法律知识的认知水平对一个人的法律行为产生直接的影响,如果缺乏法律认知,很可能会导致犯罪。只有在知法的前提下,才能明白哪些行为会受到法律的鼓励,哪些行为是法律禁止的。可见,只有学习了充足的法律知识,才有可能努力做法律允许的事情,不做法律禁止的事情,才能明确一些行为的意义,以及什么行为承担什么样的法律后果。

2. 养成法治思维

法治思维属于一项规则思维。在国家主权范围内,法律对所有人都具有同等的约束作用,尤其强调对国家机关及其工作人员的约束,要求他们严守权力的边界。对大学生来说,要求遵守法律,遵守校园规章制度,为创建和谐的校园做出自己的努力。

法治思维还属于一种程序思维,即公民对权益的诉求与维护需要通过法律程序来完成与解决,通过透明、公开的程序,公民得以解决一些纠纷,从而保证了结果的公正性。

(二)法治教育的目标

在当前的教育中,法治教育的当务之急就是培养大学生的法治品质。所谓品质,简单来说就是一个人的作风与行为所呈现的关于社会主流的认知与思想。无论是国家,还是集体与个人,都具有一定的品质,这是人能够被他人信服的关键。国家的法治品质主要在法律创立上体现,如法律的质量、制定情况、落实情况等。人的品质主要体现在个人的作风与行为上。法治品质的形成离不开法治教育,这是善治的重要方式与基本途径。

四、法治教育的相关范畴

法治教育不是孤立地存在,要想研究法治教育,首先需要厘清法治教育的相关范畴,这也是对法治教育概念的深化。在实践与学术领域,存在着与法治教育相关的一些概念,如公民教育、道德教育、思政教育、法学教育、法制教育等,下面就来分析这些概念及其与法治教育的区别与联系。

（一）法治教育与公民教育

对法治教育展开分析和研究,必然会涉及公民教育的内容。通过对相关的文献进行分析和梳理不难看出,将"法治教育"作为关键词进行搜索时,都离不开公民教育。因此,这里对法治教育与公民教育的区别和联系进行分析和总结。

公民教育是公民现代化的主要路径,一般认为正是因为公民教育,西方现代化才能形成与发展。传统中国的臣民教育是很难成就现代公民的,因此对公民教育的研究和关注最初是从西方的教育研究中得来的。基于西方对公民教育的研究,近年来中国的公民教育思想才得到反思与梳理。

公民教育首先就是要培养出合格的公民。西方公民教育的历史可以追溯到古希腊时期,但是现代意义的公民教育却始于 1882 年,因为当时法国开放了公民训导课程。到了 19 世纪末期,德国基于理论和实践,对公民教育加以研究,著名的教育者泰纳提出了"公民教育"这一概念,之后 1918 年,德国政府将公民教育写进宪法之中,并保障公民教育要按照法律加以实施。因此,现代国家的教育目标也转向培养合格的公民,这是因为任何社会在转型社会制度的时候,如从自然经济转向市场经济,从专制政体转向民主政治,都需要社会主体发生相应的改变。也就是说,人的现代化是社会制度转型的前提条件,而要想实现人的现代化,进行公民教育是首要选择。就历史来说,公民教育是现代意义的国家建立之后,在国家与公民的法律关系确定之后出现的,公民的身份得以明确,公民教育才有了明确的内容与目标。当然,公民的概念并不是固定不变的,因此公民教育的内容与目标也会随之发生改变。

公民概念本身不仅仅是历史层面的概念,更会受到文化与地域的影响和制约。《大不列颠百科全书》这样定义公民身份,即蕴含着个人与国家之间的关系,意味着享有自由身份。个人需要对国家保持忠诚,并受国家的保护。

但是在当代社会,公民身份的含义也出现了变化,即从小来说,可以是社区成员,从大来说可以是国民。负责任的社会主体意味着公民应该理性、积极地参与到公共生活之中，处理好个人与社区、国家之间的关系，这是合格的公民。当然，这也需要公民了解国家的政治制度，明确政治运作的常识，具有自身的担当。当然，为了塑造真正的公民，必然需要结合公民教育。也就是说，公民教育是塑造合格公民的方式和手段，这样才能让公民在实践中理解公共问题，运用公民的理念对问题加以解决。

在中国，公民教育属于一个外来的概念，近代公民教育与理念的诞生可以追溯到清末民族危机时期。在向西方学习中，严复提出了"三育救国论"，即从教育入手，从德、智、力三个层面来对中国的传统人格加以改造。之后，梁启超在《新民说》中明确国民素质不高是中国贫弱的根源，因此提出对中国国民进行改造，培养"新民"，即要求具有公德与私德，具备独立的人格与冒险精神，具有权利思想。实际上，梁启超的"新民"主张已经触及公民的实质，也为我国的公民教育指明了方向。

百余年来，我国的公民教育经历了三个阶段：新民教育、国民教育与人民教育。从今天的视角来说，虽然涉及了公民教育的多个层面，但是与公民教育的方向还是存在距离的。

1986 年，十二届六中全会发布《关于社会主义精神文明建设指导方针的决议》，根据这一文件精神，学校开始进行思想政治教育，向学生传递基本的公民知识。但是，在现代化、市场化背景下，仅仅依靠思想政治教育是不足的。和谐社会的建设目标要求发展公民教育，培育现代化的公民。因此，公民教育开始成为人们关注的热点。

法治教育与法治社会相联系，公民教育与公民社会相联系，因此法治教育与公民教育的内涵是存在差异的。但是，公民社会一定要基于法治建立起来，因此法治教育与公民教育又存在某些相关性。相比较来说，公民教育的内容更加宽泛，其包含法治、民主、公民权利与义务等内容，而法治教育则是公民教育的一项重要内容，法治教育在公民教育的内涵、目标等层面有着重要的作用。公民教育中对公民的主体性、公民身份等的强调与法治教育存在一致性，而法治教育中对规则教育的要求、对法治意识的强调也与公民教育存在一致性。

（二）法治教育与道德教育

在法学研究之中，法治与道德的关系研究非常受关注。要想明确法治教育与道德教育的关系,首先就应该明确法治与道德的关系。法治教育与道德教育都是通过对教育主体加以规范,对个人与他人、社会的关系加以调整实现的,因此具有相同的本质特征。一方面,就教育内容而言,二者有重合性。一些道德教育内容往往需要制定成法律条款才能有效力。个别法治教育的内容也会将道德属性包含进去。另一方面,就教育功能来看,法治教育与道德教育都是对人的行为加以规范,是为了彰显人们的自觉。

(三)法治教育与思政教育

思政教育是社会运用一定的政治观念与思想等对成员进行影响,使他们的行为与社会相符的一种实践活动。法治教育与思政教育关系密切。二者在教育方法、教育对象上基本是一致的,都是为了培养全面的人才。

首先,法治教育可以对思政教育的内容加以丰富,提升思政教育的效果。在当前的思政教育中,增加法治教育可以让学生更具有规则性,虽然是采用了外部强制力,但是都是为了提升学生的道德水平。思政教育最低要求就是学生不能违法,这是硬性条件。

其次,法治教育离不开思政教育。高校的立身之本在于立德树人,因此要不断提升学生的道德素养,提升他们的道德水平,这样才能更好地办好教育。也就是说,法治教育作为思政教育的一部分内容出现,以普及学生的法律意识,培养他们成为综合性的人才。

(四)法治教育与法学教育

在马克思主义看来,法律这一概念不是永恒的,而是一个历史与社会的概念。法律教育是将法律作为教育的内容。就教育目标来说,可以将其划分为法治教育与法学教育,即国家通过有计划、有目的地向学生传授法学理念来提升他们的法律实践能力,成为懂法的人才。

但是,作为法律教育的两大分支,二者存在明显的区别。从形式上说,二者仅差一个字,二者的教育目标、教育内容相似,都是为了培养学生的法律知识,向学生传授法律技能。在教学方法上,二者主要也都是通过课堂来进行。

但是从本质上说，二者在性质与教育任务上存在差异。

就教育对象来说，法治教育面对的是非法学专业学生。从学科定位的角度来说，法治教育不是独立学科，属于思政教育的一个分支。就教育任务来说，法治教育主要是为了培养人的法律意识，让他们能够更好地适应社会；法学教育的任务是为了让学生能够更好地运用法律进行职业规划。

（五）法治教育与法制教育

法治与法制虽然只有一字之差，但是含义却不同。一般认为，法制是一个广义的概念，其涉及三层含义：法律、制度与秩序。要想创立法律，必然需要制度与秩序的参与，而制度与秩序又需要以法律作为依据。因此，在法制中，法律是核心。

法制与法治虽然都可以看成是法律的概念，但是二者在起源上存在差异。法治强调与人治的对立，不仅是一套制度，更是一套政治观念。法制与我国古代传统的法律思想相符，主要是为了维护统治阶级的利益。

简单来说，法治与法制的区别主要表现如下：

第一，范畴不同，法制属于制度层面，法治属于一种治国理念。

第二，价值取向不同，法制凸显的是法律的工具性，法治是法律制度的工具与目的的结合。

第三，依存的经济基础不同，法制可以在任何经济基础中存在，法治必然在市场经济中存在。

第四，从其依存的经济基础和政治制度上看，法制可以存在于各种经济基础和政治体制之中；法治则必然以市场经济和民主政治为基础。

显然，法制与法治两个概念不同，各自有特殊的作用与含义，相互区别。但是，法治中包含法制，法制是法治的一部分。

总之，无论从时间线索还是从内容层面，我们都可以看出我国的法治教育在不断探索与发展，在努力与法律角度的法治教育、思想政治教育角度的法治教育、普法教育中的法治教育、道德角度的法治教育等趋于一致。当然，法治教育的内涵也需要不断完善，但是其侧重法律认同、法律意识、法律思维、法律实践等已经达成共识，也是法治社会得以建成的重要路径。

第二节 法治观念对高校大学生法治教育的启示

法治是社会治理的一项重要方式,其通过规范与引导广大社会成员的行为来协调社会关系,对社会秩序加以维护,从而推动国家与社会实现治理体系与能力的现代化,最终促进人的全面发展。这恰好与高校大学生法治教育的目标不谋而合。因此,法治观念对高校大学生法治教育有着重要启示。

一、"良法"理念与法治教育内容的"合理性"建构

(一)创制良法是法治的逻辑前提

1.良法思想的产生与发展

"良法"作为一个明确的概念是由亚里士多德首先提出来的。在亚里士多德看来,与城邦政体好坏类似,法律也存在着好坏,或者是合乎正义的,或者是不合乎正义的。因此,亚里士多德指出构成法治的要件之一就是需要创制良法。随后,西方古典自然法学派视理性为核心来论述良法。在他们看来,世界上万物都有规则与秩序,这就是理性的体现。自然法就是彰显了人的正义与理性。良法的效力是从道德性来的,恶法则源自那些违背正义、违背理性的法律。因为恶法缺乏道德,因此也就谈不上有法律效力了。

与自然法学派相对应的是分析法学派,在他们看来,法律与道德是分离的两个个体,并提出"恶法也是法"这一命题。在这一学派中,奥斯丁是典型的代表,他认为法的存在属于一个问题,法的优劣属于另外一个问题;法是否存在需要进行研究才能得出结论,法是否符合一个假定

的标准是另外一个需要研究的问题。现代分析学派对奥斯丁的观点加以继承,也否认了法律与道德之间存在的必然联系。

在中国,良法这一话题也是古已有之的。在古代中国,"礼法"非常重要,是一种正义法。虽然中国古代务实厚重的文化传统以及皇权至上的观念,决定了中国古代社会很难形成西方的"恶法非法"的理念,但是中国礼法传统中包含了"和实生法""中道"等理念,这些都体现出良善立法的观点。

在党的十一届三中全会之后,我国法制建设的主要任务是建构完备的法律体系与制度,其中"有法可依"成为 20 世纪八九十年代的重点。经过四十多年的努力,2011 年 3 月,吴邦国同志宣告中国特色社会主义法律体系形成。这就意味着我国的法治建设立法工作取得了一定的成就。党的十八届四中全会中提出了"法律是治国的利器,良法是善治的前提"。

2. 合理性思想概述

合理性是在理性的基础上派生出来的概念,要想理解合理性,首先就需要对理性的概念予以把握。著名学者柏拉图提出著名的"洞穴比喻",并塑造了三种人,一是洞穴内的囚徒,二是擎掌木偶的人,三是走出洞穴的人。这三种人实际上代表的是人的不同心理状态。第一种人只能看到影像。第二种人知道第一种人的影子来自手中的木偶,但是其只能看到影子的原物。第三种人看到了世间万物,领悟到比前两种人看到的更为实在的东西,挣脱虚幻的认识,获得理性认知。因此,基于这三种人,柏拉图认为人的本质是由理性、意志与欲望构成的,其中理性居于核心地位。在柏拉图看来,理性是本体论意义上的实体。与柏拉图的观点类似,黑格尔也认为理性是世界的本质,其不仅是一种精神现象,更是一种辩证的方法。

另外,理性还是一种认识手段,是人们对事物本质与规律加以认识的抽象思维能力。哲学家笛卡尔提出"我思故我在",这一论断是哲学本体论转向认识论的开端。笛卡尔认为,"我"是一种理性的实体,甚至是某种绝对性的无限存在。"我思"即主体的自我意识是非常注重的,强调人的理性思维在认知规律与本质的时候的重要意义。在笛卡尔看来,"我思"要位于"我在"之前,也就是说思想要先于存在,理性思维是人们对事物本质与规律加以把握的重要能力。

同时,理性具有时间性,能够对人的行为产生影响。著名哲学家阿奎那指出,要想运用理性手段来解释上帝存在的本质以及万物与上帝之间的复杂的关系,可以依靠可以感受到的经验世界以及逻辑分析。基于此,阿奎那将人的理性划分为两个层面:一种是思维的理智,是人们采用直接手段或者间接手段获取真理知识的能力;一种是实践的理性,即人们对欲望加以控制、对行为进行支配的能力。基于阿奎那的理论,康德也将理性划分为两种:思辨理性与实践理性,前者涉及知性与感性两种,是人的认识的先天条件,后者则是根据前者来选择具体的行为方式。

理性还与价值有着紧密的关系。所谓价值理性,即将积极的价值理想作为理性的主要内容,并赋予其绝对的权威,其对个体的责任与义务非常注重,强调个体要服从社会规范,从而使个人的行为符合目的。需要指出的是,随着现代化的不断进步与发展,工具理性也逐渐得到认可与宣扬。一些思想家不再将理性视作万物的本源,而是将其作为实现某种目的的工具,这就是所谓的工具理性,而这种工具理性恰恰促进了资本主义社会的发展,甚至在西方社会的各个层面加以渗透。

合理性这一概念是由理性派生出来的,由于人们对于理性的认知不同,当然对合理性的理解也必然存在差异。黑格尔指出,合理性是普遍性与单一性的统一。具体来说,从内容层面来说,合理性是客观自由与主观自由的统一。因此,在黑格尔看来,合理性是与规律相符的,其中蕴含着形式与实质这两大层面。

同时,随着社会不断进步,人们对合理性的认识也不断深化,韦伯的合理性思想就将科学性、目的性等特征囊括进去,他从主客观层面对合理性问题加以考察,认为合理性的获得意味着人们能够对客观世界进行理性的表达。首先,韦伯破除了合理性是神秘的这一观点,他认为世界上的万物并不神秘,即都可以通过计算或者考量来获得事物的发展方向。

之后,哈贝马斯基于韦伯的合理性概念,并从交往行为理论出发,提出了交往合理性的概念,试图在此之中寻找到克服现代危机的方法,从而对现代性加以捍卫。哈贝马斯还指出,主体之间在进行交往时,语言承担着重要的协调与认知的功能,而理性存在于彼此之间沟通时所达成的共识之中。

总而言之,上述对于合理性的论述可以归结为两点。

第一，合乎理性，由于理性内容是非常丰富的，因此对合理性的理解也可以从多种角度展开，如本体论的合理性、价值的合理性、工具的合理性等。

第二，合理的特征，这是对事物的一种认知与评价，即人的存在或者事物的存在是否是应当的、是否是正义的。

总之，西方学者对合理性的探讨给我们提供了很多启示，如合理性不是某种属性，也不是某种实体，而是在一定的社会历史条件下不断合理的过程，需要在一定的历史局限的观念体系下才能够实现。

但是，西方学者关于合理性的论述也是存在着某些局限性的，尤其是将理性与感性对立、目的与价值对立等，这都与马克思主义的合理性思想相悖。马克思、恩格斯等人虽然并未给合理性下一个准确的概念，但是在他们提出的实践思维的哲学体系中就囊括了合理性的思想，这为我国对合理性进行科学认知提供了指导。马克思还指出，在无穷无尽的时空中，人类的理性能力是无限发展的，但是如果是在某些特定的时空环境下，人类获得的理性却是有限的。这就要求对合理性进行研究需要坚持辩证的思维。

第一，合规律性与合目的性的统一。众所周知，意识与物质具有同一性，是人们对世界进行认知与改造的前提，也是人们对事物本质与规律认识的基础。人的认知世界本身属于一种理性维度，并努力通过实践来探求真理，从而正确地理解与认知个人、社会、自然等之间的关系。主体对客观规律的认知与把握，是实践活动能够保持正确方向的基础，也是能够获得合理性的条件。而事物本身的固有规律是实践活动得以开展的前提，而实践活动的目的在于满足实践主体的需要。因此，人的实践活动是合规律性与合目的性的统一。

第二，工具合理性与价值合理性的统一。韦伯从社会学的角度入手，提出合理性应该是工具合理性与价值合理性的统一，其中前者又称为"形式合理性"，后者又称为"实质合理性"。一般来说，具备工具理性的人习惯于选择最佳的方法来获得利益的最大化，目的在于实现目标，而并不关心如何实现以及实现目标有何意义。具备价值理性的人则与具备工具理性的人相反，他们对于急功近利是非常反对的，强调价值选择与理性意义是非常重要的。在韦伯看来，真正合理的事物应该是二者的结合，失去了任何一个方面，都很难获得合理性。

3.良法应是合理性之法

如前所述,亚里士多德提出了"良法"的概念,并对创制良法的基本要求进行阐述。在亚里士多德看来,从本质上来说,良法应该是正义之法,其中必然蕴含平等、自由等理念。所谓正义,即人们应该实施正当的行为来获得正当的结果。从形式上来说,良法应该具有平等性与普遍性,并也蕴含着权威性,只有这样才能对与之相对应的城邦政体进行维护。之后,一些法学家、思想家开始研究与探讨良法的评判标准,而正是这些评判标准的研究,推动着人类的法治文明建设的向前发展。但是,其存在着某些局限性。第一,对法的某一方面的属性过于夸大。第二,与社会历史条件相脱离的情况下来谈论法,这样很容易使良法丧失科学性。

马克思主义的良法思想对于我们全面把握良法的评判标准意义重大。从形式上说,马克思指出法律是明确的、肯定的规范。此外,马克思还认为法律应该具有普遍性,应该从普遍的人和事出发来作出规定,而不应该仅仅授予少数人。

早在20世纪末期,我国著名的法学家郭道晖指出,一般来说,"天理、国法、人情"是对事物进行衡量的三个维度,其中天理指代的是客观的规律与事理,人情说的是人际关系的道德准则,而这两者在国法之中渗透,是法必然需要考虑的两个因素。而公道是这三者的结合。在郭道晖看来,创制良法不仅要合乎客观规律,还需要承载着广大人民群众的需要。当然,在创制良法过程中还要把握好情感的尺度,如果不考虑法律的底线,仅仅对人情加以迁就,那么就必然会让法律失掉尊严。因此,综合来看,良法是合理性执法。

(二)"良法"理念启示法治教育内容的"合理性"建构

立法不仅是法律运行的逻辑前提,也是法治实现的一项必要条件。法治如果没有法律来依托,那么法治也就无法谈及的。同样,对于法治教育而言,如果没有法治的内容,无法将法治教育的本质属性与目标体现出来,那么法治教育也是无效的教育。

良法是善治的前提,这就要求立法工作者在创制法律时,必须具有合理性,这样才能得到全体公民的认可与遵守,从而更好地实现善治。

可见,法治的"立法先行"关键在于创制良法。立法作为法治的逻辑前提,其目标不应仅仅是构建完备的法律,而是应该努力创造高质量的法律。

正如党的十八届四中全会审议通过的《关于全面推进依法治国若干重大问题的决定》所说的:"要恪守以民为本、立法为民的理念,贯彻社会主义核心价值观,使每一项立法都符合宪法精神、反映人民意志、得到人们拥护。"法治的逻辑前提在于创制良法,这时法治教育起着非常重要的作用。也就是说,合理性的法治教育内容是法治教育得以开展的前提条件,也是必要条件,是法治教育有效性的重要保障。法治教育工作者必须对教育内容的合理性进行关注。之所以这样做,主要有如下几点原因。

1. 关系到法治教育的合法性

法治教育的重要性是不言而喻的,但是除了对法治教育的重要性加以关注外,还应该关注法治教育之所以存在就在于法治思想的合法性。所谓法治教育的合法性,指的是其赖以存在的根本问题,是对人进行法治教育的根本依据,是其存在的正当性、合理性。

但是,人们在实践中也不是任何事情都能做的,而是需要建立在一定的现实条件下,对客观事物的规律进行遵循的基础上。当然,人们的实践也不可能都是一帆风顺的,其中必然会存在着错误甚至逆境的可能。合理性的法治教育内容作为行为规范与价值体系的综合,应该与人的基本需要相符,将促进人的自由全面发展的价值取向彰显出来,这也是法治教育具备合法性的前提条件。

另外,社会的需要也是法治教育获得合法性的依据。法制教育在一切社会工作中起着生命线的作用,是保障社会和谐有序发展的重要方式和手段。因此,合理性的法治教育内容必须包含统治阶级的价值期待以及对社会主要价值的含义性论证,这不仅有助于为人的生存与发展提供指导,还有助于促进社会的物质文明建设与精神文明建设。

2. 影响法治教育目标的实现

合理性法治教育内容不仅是法治教育的存在依据,还是法治教育目标实现的重要前提。作为具体化的教育目标,法治教育内容是否具备合理性、是否能够有效实现法治教育的目标,还取决于建构者能否对受教育者的思想、行为情况进行准确的把握。这主要原因在于,法治教育的目标总是蕴含着国家、社会对人们应该具备的法治素质的期待,而从社会存在对社会意识起着决定作用的这一论断出发,这种期待总会随着社会的变迁以及人的发展等逐渐具有合理性,也会发生改变,因此就导致法治教育的目标出现变革。

但是,法治教育的内容是否合理对实现教育目标的影响作用主要有如下几点。

第一,只有准确把握受教育者的法治素质发展现状以及他们思想的发展规律,才能保证提出的法治教育目标具有科学性与现实性。

第二,只有对当下的社会价值期待与受教育者自身的发展需求进行完整的表达,才能将法治教育的价值体现出来,从而促进人与社会的健康发展。

第三,只有将社会历史的发展规律与法治教育规律科学地反映出来,才能确保法治教育的实践走向正确的轨道。

简单来说,如果上述几点都能做到尽如人意,那么法治教育的内容必然具备了合理性。

二、"忠法"思想与法治教育工作者的"教育忠诚"

(一)忠于法律是法治的基本要求

1. "忠"思想概述

纵观中国传统文化,"忠"的思想具备了明显的德性色彩,属于伦理学的内容。如前所述,社会存在对社会意识起着决定性作用,在不同的历史时代,"忠"的具体内涵也明显不同。因此,从历史唯物主义的视角出发,宏观地展开辩证分析。

春秋战国时期,"忠"就已经出现在文字之中,并且与"诚""孝""敬""义""信"等联合在一起使用,并给予了"忠"一般定义,即为人处世要做到尽心尽力。在这一时期,"忠"的主体与对象是不明确的、普遍的。关于"忠"的主体,不仅可以是统治者,还可以涉及普通民众;而关于"忠"的对象,不仅有统治者对普通民众的"忠",又有人们对自己的事情、对他人交代的事情的"忠",还有对待老师、对待亲友的"忠"。其中《左传·桓公六年》中就有关于"忠"的论述,即"所谓道,忠于民而信于神。上思利民,忠也;祝史正辞,信也。"这句话大致的含义就是统治者只有让百姓安居乐业,才能称得上"忠"。另外,在这一时期,人们将"公忠"与"私忠"进行区分。前者指的是统治者对人民、对社稷的"忠",后者指的是臣子对君主的"忠"。

自中国进入封建社会之后,尤其是儒家思想占据统治地位之后,"忠"的思想更加得到了重视。相应地,很多学者开始对"忠"的内涵进行诠释。例如,董仲舒从字体的结构剖析,提出"心止于一中";许慎的《说文解字》中讲道:"忠,敬也。从心,中声。"认为"忠"是内心的恭敬。之后,也有一些学者从诚实、真实的角度对"忠"进行解析。到了两宋时期,随着程朱理学的兴盛,人们开始从人的心性层面对"忠"的含义加以解释,如朱熹认为"尽己之谓忠"。之后,随着对理学的批判以及早期启蒙思潮的影响,一些学者对"忠"的解读出现了实学的风格。总体来说,这一时期的"忠"要比先秦时期的"忠"有了一定程度的进步,具有如下特点。第一,对"忠"的阐释结合了音形义等层面。第二,注重从《论语》等经典文本出发对"忠"进行阐释。第三,反映出不同时期的特点。另外,如果说先秦时期"忠"的对象包含了外在事物、自身行为、实践对象等层面,那么先秦之后的"忠"的内涵主要针对的是君主和国家,因此含义逐渐变得狭窄。

进入近代之后,随着列强入侵、西学东渐、救亡图存等背景的展开,很多学者对狭义层面的"忠"进行了批判。例如,谭嗣同就批判了封建社会的"三纲五常",他将"忠"的本真含义进行恢复,即忠诚无私、尽心竭力,还主张从伦理层面对"忠"加以解释。严复则从更宽泛的视角对"忠"进行解释,他认为"忠"广泛存在于人们的社会交往之中,而个人对国家的忠诚是一种义务,不会随着废除封建制度而消除。梁启超则对"忠国"与"忠君"加以区分,在梁启超看来,忠于国家与民族是一种良好的品德,也只有基于这一意义,"忠"的理解才是全面的,而将"忠"理解为"忠君"是非常狭隘的。孙中山先生也对"忠"的思想提出了自己的认识,即认为忠于君主只是封建社会对臣民的要求,不能够包含"忠"的全部内容。在孙中山看来,"忠"的范围非常广泛,坚持实现理想就是"忠",勇敢拼搏、不怕辛苦、不怕牺牲也是"忠"

在西方,"忠"的思想是随着城邦至上、世俗专制等理念不断发展与变迁的。在古希腊时期,先哲们相继以"城邦"作为研究的重心和主题,其中蕴含着"忠"的思想。苏格拉底认为法律与城邦一样,都源自神定,理想的状态在于人忠于法律、忠于城邦。柏拉图在他的《理想国》一书中指出理想的国家应该是正义的城邦,应该拥有完美的品德、高超的智慧来对政权加以掌握。这体现出柏拉图对真理与正义的忠实。同时,在《法律篇》中,柏拉图还强调法律具有至高无上的作用,指出官吏应该对法律加以服从,并对法律忠诚。

到了中世纪,当时的欧洲被称作"神学统治的时代",在这一时期,教会与王权之间的斗争与博弈使得人们无法像古希腊城邦社会的公民那样将全部的忠诚给予国家,而只能在教会与君主之间游走。正如,奥古斯丁在《上帝之城》中提出了著名的"双城学说",即所有人都可能同时属于上帝的城邦与世俗的城邦,而公民的这种双重身份又不得不使他们陷入忠诚选择的困难境地。对于这一困难奥古斯丁也进行了澄清,他认为之所以存在上帝之城,并不是要对公民社会加以消除,而是要对其进行补充与完善,使其成为促进人们灵魂达到至善的工具。因此,公民对上帝的信仰应该转向对世俗工作的动力与激情。之后,马丁·路德对奥古斯丁的观点加以继承,他对人们隶属两个王国的观点进行认同,并指出政府不仅是属灵的,也是世俗化的,政府是从上帝那里获得权力,而不是通过教会授权或者人们授权获得的。这就使得政府获得了极大的权威。

随着资本主义的兴起,以及文艺复兴运动、启蒙运动的出现,西方社会关于"忠"的观点又得到了进一步的发展。文艺复兴推崇人文精神,将批判的矛头指向神权,并认为整个社会不应该以神为中心,而应该以人为中心,试图对人进行解放。马基雅维利在他的《君主论》中强调,君主应该选择那些对自己忠诚的人,而不是对神学忠诚的人。洛克在《政府论》中也强烈地批判了"君权神授"的观点,提出"权力信托",认为行政人员的最高忠诚应该是人民,因为是人民给予了政府权力。之后,随着资产阶级不断发展,一场崇尚自由、理性的启蒙运动逐渐开展。孟德斯鸠在他的《论法的精神》中猛烈地批判了封建专制主义,倡导"三权分立"。卢梭在《社会契约论》中提出人人平等的观点。简单来说,这一时期,"公忠"思想成为主要的内容。

20 世纪以来,资本主义国家逐渐建设现代化,并取得了丰硕的成果,创造了大量的财富。但是同时,一些政治、经济、生态层面的危机也逐渐出现。具体来说，主要表现为两点：第一，随着垄断资本主义的发展，西方社会出现了明显的异化现象，人们对资本主义制度的压制越来越反感，甚至感到厌倦。对此，这一时期的西方社会思潮呈现了反规范性与反理性主义，倡导权力至上，认为个人应该摆脱制度、摆脱社会的控制。在这样的绝对个人主义思想的引导下，社会关系变得越来越不和谐。直到 20 世纪七八十年代之后，个人主义思想的兴起，强调个人要在平等、自由的交往中获得长足发展。第二，为了与垄断资本主义的新发展相适应，为了对传统行政学强调的经济与效益的弊端加以改进，一场新的公共行政运动产生，其试图对传统的权威主义进行摒弃，对效益至上的取向加以抛弃，主张建构民主行政，强调政府的公平与诚信。

当前，随着人类文明不断发展，中西方文化不断交融，我国现代化建设取得了一定的成就，"忠"思想的内涵也被赋予了新的意义。具体来说，表现在对我国传统"忠"思想的弘扬、对西方"忠"思想的借鉴，以及在我国现代化建设中的不断升华。

第一，以科学真理作为信仰。所谓信仰，即人们对某种事物、某一理论等深信不疑，并将其视作人生的仰仗的一种现象。信仰是信仰主体对信仰客体的一种自觉的追求，具有强大的推动力，是对人们的行为进行指导与调节的重要节点。忠诚源自信仰，信仰对忠诚加以浇灌，实践主体总是在自身的信仰中逐渐获得动力与方向。到那时，如果没有科学真理作为内核，那么信仰很容易出现变化的情况。这种变化的信仰会使得人们在坚持忠信的过程中更为痛苦。一方面，信仰的产生与发展需要与人本身相对，要不断提升人们的理性认知。从主客体的角度而言，信仰的主体因素在信仰活动中主要是一种推崇心理。但是，具体推崇的是什么，主要考虑的是对信仰对象的认知与需要。本质上是其对影响自身生存发展的需求的追求与渴望。另一方面，信仰的产生与发展需要与事实相对，获得真理。具体来说，就是要求信仰的内容、基础等都具备科学真理的特征，这样才能与客观规律相符合。

第二，以无私奉献为诠释。如前所述，"忠"的本义中明确要公正无私、要尽心竭力，同时要愿意奉献。显然，"忠"是处理人与人关系、人与社会关系的重要标准，其内容与意义具有划时代的特征，对于任何时代、任何人群都适用。一般来讲，人的境界主要包含三个层次：第一，"小我"层次，即多是利己主义者，过于注重自我而忽视集体；第二，"大我"层次，即推崇集体主义，能够主动、积极地为集体主义服务；第三，"忘我"层次,即能够全身心地投入到集体的事业之中,并甘愿付出一切,这就是所谓的无私奉献。显然,无私奉献属于最高境界,是中华民族几千年来积累的传统,是中国共产党人特别强调与推崇的品质。当下,无私奉献的品质主要体现在全心全意为人民服务,这不仅是全体人民的追求,也是中华民族实现伟大复兴的必然选择。

第三,以实际践行来证明。当前我国倡导的忠诚观是在马克思主义的指导之下,从无产阶级意识来考量的,以实践为落脚点,对传统忠诚思想中的抽象意识论进行摒弃,强调在实践中对资产阶级虚伪的忠诚观加入人情,对封建落后的"愚忠"思想进行清理。马克思主义实践观指出,实践是人们认识不断深化的动力,是对认知科学与否加以检验的唯一标准。马克思主义者对人民、对真理的忠诚从来都不是一句空话,也不是脱离实践的抽象的概念,而是为了彰显理想信念而奋斗的实际活动。

2.忠法思想的产生与发展

"忠法"思想就是所谓的忠于法律、效忠法律。"忠法"思想是"忠"的重要层面,是"忠"思想与司法工作相结合的产物。在这之中,西方社会的文明发展有着十分重要的作用。"忠法"是对司法工作者的基本要求,不仅表现为一种规范,一种实践行动,更多地表现为一种价值观。

根据资料显示,最早提出"忠法"观点的是韩非,他在《韩非子·安危》中强调了法治的作用。法治是先秦法家的重要主张,法家认为人性都是"好利恶害"的,因此需要建构法律制度来维持社会安定。之后,秦朝统治者对于法的作用非常重视,对法家思想进行了大量吸收,并使得其占据了统治地位。但是由于专任刑法,导致秦朝覆灭。之后,儒家的"礼治"思想占据了重要的地位。之后,在漫长的封建统治中,"外礼内法"的模式建立起来。基于这种模式,官吏往往充当司法者与执法者角色,其是否具备法律素养、能否对法律忠诚决定着能否发挥法律的作用和效能。

中国古代的"忠法"思想体现在敬畏法律上,认为法律至上。正如商鞅所说:实行法治,法律必然占据至高无上的地位。因此,官吏对政务的处理都是以法律为依据的,而不是以君主的意思为主。臣民对法律的遵守也不是受胁迫,而是基于法律的指引。

中国古代的"忠法"思想还体现在公正不阿上。也就是说,每个人在法律面前都是平等的,而法律对每一个人都是公正的,这可以从唐太宗的《贞观政要》中体现出来。

另外,司法工作者对法律的重视还受西方的影响。柏拉图指出执法是非常重要的,认为如果一个秩序良好的国家安置一个不良的官吏,那么设定法律的价值就被剥夺了。西塞罗也强调官吏的重要作用,认为官员的职责在于领导与发布正确的、有益的政令。为了确保官员不滥用法律,提出了著名的权力制衡理念。之后,西方近现代的思想家对司法工作者的执法与司法问题进行了深入探讨。汉密尔顿等人为了防止出现权力专断的情况,提出立法权、行政权、司法权三权分立,并特别阐述了司法独立的观念,认为司法独立就是法官独立。

(二)"忠法"思想启示法治教育工作者的"教育忠诚"

忠法源于信仰,信仰对忠诚加以浇灌。因此,当代司法工作者需要对法律予以忠诚,这源于深沉的政治信仰。因为离开了信仰,法律至上的原则就很难真正地在执法、司法活动中贯彻,司法工作者的法律素养也缺乏内在动力,职业责任感也很难被确立起来。因此,在法治教育工作中,法治教育工作者也需要树立这样的信仰。

教育活动是一种有目的性的活动。大学生发生的变化主要是通过教育者有目的的活动来形成的。如果教育者的活动没有目的,那么就也谈不上教育过程了。要想提升大学生的法治信仰,就必然需要构建教育队伍,提升法治教育工作者的"教育忠诚"。

1.优化法治教育队伍构成

很多人认为,法治建设仅仅是法律界的事情,与普通人无关,这一观点是错的。有些人认为法治教育是教育界的事儿,认为大学生法治教育仅仅是个别辅导员的事情,这些理念也是错误的。

在当代的高等教育中,学科划分得非常细,教师们大多注重的是学生的专业发展,很少对他们进行思想层面的塑造。正如有的学者认为,大学聘用教师的一大标准就是看他们的出版、研究是否是优秀的。大学对学术的关注超过了他们对德育的关注,对教师作为学者的关注超过了对他们品格的关注。因此,这就导致真正能担当法治教育的教师是很少的。

2. 提高法治教育队伍素养

要想教育他人,首先就需要让自己得到教育。也就是说,要想让学生做事,那么教师首先要事必躬亲,学生学习的内容,教师也要学习,学生遵守的规范,教师也需要遵守。也就是说,如果教师不能够将自己的素质培养好,那么就很难培养学生的素质。

三、"权利本位"与法治教育的"学生为本"

(一)权利本位思想的产生和发展

所谓"本位"即侧重点、出发点,表明两种及其以上的价值取向中的终极借指问题。基于此,在法治观念下的权利本位,就是将权利实现作为法治的价值。当然,权利本位思想的产生并不是一蹴而就的,其是建立在一定的社会经济基础之上,随着法治文明的发展而不断发展起来的。

1. 西方权利本位思想的发展

一般情况下,权利思想最早可以追溯到古希腊时期。智者学派最早将权利与自然法相关联,将人的诉求与愿望视作自然本性的反映,将人的权利初步彰显出来。苏格拉底最早将自然哲学观念在政治伦理领域中运用,并指出守法即正义的观点。亚里士多德与柏拉图也同样主张正义源自自然,但是他们的自然正义是建立在对城邦统治的维护上,更多强调的是人对城邦的义务以及人的自然等级。之后,斯多葛学派从理论上真正赋予了人平等的地位。斯多葛学派也指出,自然法是理性之法,并且具有普世性,因此每个人都应该从自然法出发来生活。

受斯多葛学派的影响,西塞罗对"自然法"与"理性"的关系进行了论述,并阐述了自由、平等与权利之间的关系。在《关于国家与法律的对话》一文中,西塞罗指出:"既然自然赋予人理性,那么它赋予的就是健全的理性。因此,它也应该赋予人以法律,而这种法律,无论是指示还是禁令,都属于健全的理性。既然自然赋予人以法律,那么它也会赋予人权利。"基于这一理念的指导,古罗马人开始将自然法运用于具体的法律实践之中，并导致"万民法"的出现。虽然其中未涉及"权利"的概念，却包含了"权利是什么"的回答。

到了欧洲中世纪，自然法的传统逐渐被延续。尤其是奥古斯丁的"双城学说"的提出，以及阿奎那等人观点，这在之前有所论述，这里就不再多加赘述。虽然古希腊与中世纪的自然法从一定程度上都体现了权利观念，但是由于其处于主要以人的依赖关系为主、以宗法等级制度作为核心的第一历史阶段，因此其法律制度还是典型的义务本位。

之后，随着社会不断发展，西方社会逐渐进入到以物的依赖关系作为基础的独立社会。基于这样的社会条件，权利主体不断增长，法律的权利体系得到了空前的完备。主要表现在如下几个层面：第一，权利体系在法律中占据主导地位；第二，提倡"天赋人权""自然权利"，注重公民的平等权；第三，在执法、司法中，遵循"无罪推定""权利推定"等原则，从而对公民权利施以最大限度的保护；第四，用民法对刑法进行取代，使民法成为主导，这构成了宪法的基础。

总体来说，资本主义的权利本位取代了以往的义务本位法，对公民权利予以保障，这就推动着法治社会的进步与发展。

2. 中国权利本位思想的发展

中国古代经济属于小农经济，典型特征就是以家庭生产为基本单位，从而满足自我消费，很少出现商品交换。基于这样的经济条件，人们的利益处于静态化，很少产生矛盾与冲突，同时小农经济占据主导地位，出现了重农抑商的体制与观念，这表现在法律上就是法律制度的义务化。与此相对应的是，在中国古代社会，国家制度总会与宗法制度相联系，表现以等级、宗法为核心的特权体制。基于这样的官本位思想，每个人的权利、义务都与伦理有着密切的关系，法律保障也保证的是统治阶级的权利，普通平民享受不到应有的权利。

清朝末年，随着西学东渐的开展，权利这一概念开始引入中国，以沈家本为首的法理派开始将中西法律融通，修订了《大清民律》等法典，虽然这些法典从某种程度上说体现了权利思想。19世纪中后叶到20世纪初期，西方列强开始用坚船利炮打开中国的大门，为了救亡图存，资产阶级改良派开始宣传西学，倡导宪政，呼唤权利立法。之后，随着南京国民政府成立，第一任立法院院长胡汉民以社会本位的法律观念作为基础，并借鉴西方的政治理论，确立了社会本位的原则。之后，新文化运动倡导权利,提出权利本位主义的口号,这就使得传统的法律受到了冲击与挑战。然而,由于封建社会的刑罚观念根深蒂固,因此并未真正将权利与义务确立起来,并进入法律研究之中。

党的十一届三中全会之后,我国法学界开始对"权利"加以研究。到了20世纪80年代初期,"权利与义务"等观点被提出,这为后续法律的研究奠定了基础。

总体来说,这一时期关于权利与义务谁是本位的问题主要有三种观点。第一,义务为本位。第二,权利为本位。第三,无本位。但是虽然存在着争议,但是当前"权利本位"仍旧居于主导地位。

(二)权利本位思想的当代释义

法治的根本目的在于人,权利本位是法的价值取向与追求。我国社会主义法治在领导力量、本质等层面,都将民主体现出来,是对人民当家作主权利的保障,是对"权利本位"的真正践行,也促进了社会的不断进步与发展。当前,在依法治国背景下,权利本位主要有两层内涵。

1. 权利先于义务

法治就是依照法律来治理,创制良法是法治的前提。从本质上说,法治就是以权利与义务作为主要内容来调整社会关系的一种行为规范,其创制的目的与价值在于促进人的全面发展,而权利实现又是人全面发展的基础。因此,权利本位首先代表的是权利需要置于义务之前。

一方面,国家以法律的形式对公民权利加以确认与保障,义务是作为权利的实现手段存在的。权利是义务得以存在的根据,只有对权利设置必要的法律,才能使义务具有合理性。

另一方面,在价值上,权利也优先于义务。法律本身是一种权利的宣告,法律创制的起点在于对权利的保障。同时,从实质来说,法律对义务进行规定实际上也是对权利加以保障。权利位于义务之前,也反映出社会主义法治的精神,能够尽可能为人的全面发展服务。

当然,坚持权利本位并不是对义务进行否定,二者是互为前提的。

2. 权利先于权力

权利是一种目的,而权力是一种手段。当然,目的要高于手段。不难看出,关于权利与权力的先后问题,学界给出了两个答案。

其一,从时间维度来说,权利先产生,权力后产生。

其二,从价值维度来说,权力是从权利中产生的,权力对权利予以保障。

(三)权利本位启示法治教育应该关注"学生为本"

法治作为中国共产党领导人民自觉选择的一项重要方略,其最终目的在于保障广大人民群众的权利,这是法治价值的体现。作为我国社会治理的方法与手段,法治权利本位的价值追求应在社会生活的方方面面体现与融入,尤其是法治教育的实践之中。法治价值的权利取向从根本上说是以人为本,即一切从人出发,对人性进行维护,对公民权益加以保证,对公民自由予以确认,最终促进人的全面发展。这启示人们在法治教育中要确立以人为本的理念,突出人在价值系统中的意义与作用。

法治教育的价值是法治教育的存在与功能等满足主体合理性的效益关系。在这一关系之中,作为价值客体的法治教育功能的发挥,与其方法、内容等关系密切。法治教育主体应该首先对教育客体、教育实践规律有清楚的认知与把握,这样才能更好地为法治教育主体服务。主体的人是对法治教育价值进行评判的内在尺度,不同主体,由于受到思想水平、文化程度的影响,对其评判也是存在差异的。因此,不同主体对法治教育价值取向的判定与选择也存在着多样性,甚至可能是相互矛盾的。

但是无论存在何种差异,不同价值主体间的价值冲突也不会排斥以人为本的价值取向。因此,法治教育的人本价值取向就是要关注学生的价值与自由,关心学生的生活质量,关心学生的幸福指数,从而真正地推进学生的全面发展。

四、"积极守法"与高校大学生学法知法的"能动性"

（一）守法思想的产生与发展

1.西方守法思想的发展

守法作为一个明确的概念,最初是由苏格拉底提出的,他本身也是守法的楷模。面对不公正的死刑判决,他宁可守法而死而不愿意违法而生。在苏格拉底看来,守法就是守护正义。他认为守法与正义在内容与形式上是一致的。柏拉图也认为,人们必须遵守法律,否则就如同野蛮的兽类一般。同时,柏拉图还指出应该将纸质的法律变成现实,必须设置合适的官吏,官吏作为法律的仆人,应该对法律予以遵守。他的这一思想对后世的守法思想非常重要。

亚里士多德认为,法治的要件之一就是制定法律,并能够被普遍地服从。因此,在亚里士多德看来,无论统治者还是平民,都应该遵守法律,这也凸显法律的权威性。同时,亚里士多德认为,公民对法律的遵守仅仅依靠自觉是不行的,还需要长期的培养,使公民具备守法精神。

欧洲中世纪是神学统治的时代,因此一切政治意识、经济意识等都沦为神学的附庸品。但是尽管是这样,在教权与王权的对峙局面中,依旧存在着"法律至上"的观念,并形成了权力对法律的服从与依赖。

西方现代的守法观念主要是在一些古典自然法学家的论述中存在。例如,斯宾诺莎指出,国家需要法律才能维系,一旦确立了法律,就必须对法律予以服从。否则国家就会面临灭亡。他还指出,公民自觉遵守法律是他们获得幸福的前提条件。洛克也指出,社会只有依法治理才能对人民的生命、财产安全加以保障,而要想发挥法律的效力,首先就应该守法,尤其是统治者,更要守法。卢梭指出,法律面前人人平等。

现代西方的守法思想主要蕴含在现代形式主义的法治理论与实质主义法治理论之中。在现代形式主义法治理论中,拉兹认为法律得到服从的前提就是法律具有权威性,要想具备这一权威,法律必须是合理的。同样,富勒也认为守法是非常重要的,这是从法律的道德性上来分析的,因为真正的法律需要与道德相符合,并在实质上将正义的要求体现出来,在形式上与道德原则相符。在实质主义法治理论中,韦伯认为法律是建立在理性的基础上的，而这种理性赋予了法律绝对的权威，因此需要得到社会成员的顺从与遵守，同时统治者发号施令也需要符合法律。

通过上述分析不难看出，西方的守法思想是随着法治思想的产生而产生的。无论处于哪个时期，西方的守法思想都强调守法主体的广泛性与普遍性。

2. 中国守法思想的发展

儒家主张"为政以德"，因此强调用"德"来对国家进行管理。在孔子看来，道德的教化要远远胜过刑罚，那些强制的手段只能在极端的情况下才能实施。同样，孟子、荀子也都提出了自身的观点。简单概括就是，在守法层面，儒家主张用道德来教化，预防犯罪的出现，反对严刑。

法家主张法治，即将法律视作治国的工具。在法家看来，法律如同标尺，即便是平庸的君主，也可以通过法律治理国家。法家倡导的法治主要是建立在一个"大治"的概念之下。在守法层面，法家主张"君臣上下贵贱皆从之"。当然，法家对守法的强调并不是对道德的否定。相反，法家还将道德作为法的终极追求。为了更好地发挥法律的作用，法家要求君主带头遵守法律，倡导人人在法律面前都是平等的。可以看出，法家倡导的守法其实是守德，其倡导的法治只是治理国家的一种初始手段。

事实上，儒家的德治与法家的法治都属于人治，本质上都是为了对君主的统治进行维护。对此，无论是儒家还是法家，其针对的对象主要是民，而不是君主。

到了明末清初，随着封建经济的萌芽与发展，一些先进的资产阶级启蒙思想家开始对"一家之法"进行评判，产生了一些守法思想，其中梁启超是第一人。孙中山先生在守法层面，强调人人平等。国内无论是何人，都需要在法律之下行事。

新中国成立初期，董必武作为我国杰出的政法领导之一，指出法制建设的两个问题：一是法律不完备；二是有法不遵守。这两点对我们今天仍有借鉴意义。董必武还指出，之所以人们的守法意识淡薄，主要在于法律缺乏权威性，他还提出要想促进人们守法，可以制定一些法律至上的原则，加强法制教育与宣传等。

改革开放以来，随着我国现代化建设的深入，守法思想也得到进一步发展。例如,党的十一届六中全会明确提出宪法是我国的最高行为准则,任何人都应该遵守。党的十六届四中全会指出,要坚持依法治国,领导立法、带头守法、保证执法等。之后,党的十八大报告也提出广大公民应该积极守法。这样将守法的观念扩大到全民。

(二)积极守法的主要含义

马克思主义从辩证唯物主义与历史唯物主义出发,揭示出法不仅是统治阶级的意志,其还会受到社会物质条件的影响和制约。我国社会主义法律是建立在公有制基础上的,是我国各族人民的共同意志与根本利益的展现。对积极守法概念的理解,必须考虑我国的国情,并坚持马克思主义的指导。

一般来说,积极守法是相对消极守法来说的,强调的是守法的态度及具体的行为表现。学者冯粤将积极守法的特点归结为三点:第一,守法的自觉性,源自守法主体对法律包含的人民意志与利益的正确认知;第二,守法的主动性,源自守法主体对捍卫广大人民群众利益的需要;第三,守法的创造性,源自守法主体对我国社会主义法律特征的把握。此外,还有学者基于法律规范性的角度,将积极守法界定为"法定的积极守法"与"法律未予以禁止的积极守法";基于行为表现的角度,将积极守法分为"劝阻"与"制止",并在此基础上阐述了积极守法对法治的作用。

基于学者的研究,笔者认为可以从两方面对积极守法的概念进行分析。

第一,主体层面,我国的任何组织和个人都不能凌驾于法律之上,一旦超越了法律的底线,必然会受到法律的制裁。

第二,行为层面,我国守法主体应该自觉守法,促进其守法行为的主动性与自觉性。

(三)"积极守法"启示高校大学生应该主动学法知法

法治教育的接受主体应该是能动的、理性的,而不是盲从的。但是,只有当接受主体获得了理性认知,其教育接受才能持久。也就是说,在法治教育中,大学生应该主动学法知法,具体来说,需要做到如下几点。

1. 发挥自我教育功能

进行自我教育是提升大学生自我意识的前提条件。大学生在主体意识的基础上,运用主客体分化方法,将自己视作教育对象,并通过自身的需要以及社会的规范作为客体,通过自我内化与选择,有意识、有目的地对自身的主体认识加以改进,努力让自己成为一个自省的人。

也就是说,大学生应该发挥自身的主体地位,主动对自己的道德进行认知,对自己的行为加以控制与改正,进而才能提升自身的道德水平。因此,自我教育这种方法非常有效,有助于培育大学生的法治意识。

2. 发挥大学生的主体性意识

发挥大学生主体性,主要表现在如下几点:

（1）自主性

所谓自主性,即能够进行独立的判断,并对这些判断进行反思,从而将信念与行动整合起来。在主体性中,自主性是其本质特征。

大学生法治教育的自主性首先表现在独立的主体意识层面,有确定的学习态度与价值目标,能够在教师指导下从自身的条件出发,有计划地安排自己的活动,提升自身的素质。

其次,大学生法治教育的自主性还表现在能够自我调节与支配,在知的基础上进行自主的分析与比较,进而进行合理的推理,从而将教师输出的知识内化成自己的知识与行动。

大学生的特征要求教师在教育中必须对学生的主体性予以尊重,对学生的认知水平有清楚的了解,选择恰当的方式将自身的潜能发挥出来。

（2）能动性

大学生的能动性是指学生在处理与客观世界的关系时彰显的自身特点。在大学生法治教育中,大学生的能动性是其主动、积极的选择。大学生并不是消极地接受教师的灌输与改造,而是能够在受教育过程中进行自我认识,从而弄清自己与外部世界之间存在的某些差距,激发他们接受法治教育的动机,他们也能够从时代与自身发展情况出发,对法治教育资源加以选择与汲取。同时,大学生对法治教育的目标能够认可,能够调动自己的心理与生理因素,对困难与障碍进行克服。他们也能够将各种消极的因素予以抵制,通过自身的外化行为对教师产生影响,促进师生的互动发展。

（3）创造性

创造性以探索作为主要特征,即要求大学生在法治教育过程中,要善于思考,能够产生独立的见解。灵活运用自身学过的内容,将所学的知识转化成实际要解决的问题,增强自身与社会生活相适应的能力。

基于全球化的背景,当代的大学生面对的环境非常复杂,其中不可避免地会遇到法律问题与道德冲突,这时候就需要发挥自身的创造性,建构与发展自己的认知,与社会发展相适应。

另外,学生还应该做到与时俱进,不断提升自身的精神境界。

第三节　高校大学生法治教育价值取向

随着信息社会的进步以及网络文化的发展,人类的各种包含法律文化在内的文化在不断碰撞与融合,不同的风俗习惯、价值观念、道德规范等也逐渐交织成一种文化的图景。人们的社会角色、利益关系等逐渐衍生出多样化的目标追求与价值取向。基于这种多元文化与多元价值取向的冲击,我国大学生法治教育的原有模式也遇到了极大的挑战。因此,必须明确大学生法治教育的价值取向,以更好地将大学生法治教育的价值揭示出来,从而为大学生法治教育提供借鉴。

一、法治文化与高校大学生法治教育价值诉求的一致性

（一）法治文化的形成与法治教育的契合性

无论是在西方还是东方,法治教育都与法治文化相适应,一定时期的法治教育反映的是法治文化领域的具体现象。因此,大学生法治教育属于法治文化的范畴,法治文化是大学生法治教育得以生存与发展的土壤,因此法治文化必然会对大学生法治教育的形成产生影响。同时,大

学生法治教育也会对法治文化的进一步发展起引领与重塑的作用。

文化与教育是伴随产生的,文化离不开教育,教育也离不开文化。也就是说,文化与教育处于同一层次,虽然都是由社会政治、经济等决定的,但是对于教育的发展来讲,文化因素不可忽视。如果说社会、经济的发展是教育形成与发展的根基,那么文化是其重要的灵魂。

文化、文化传统与高等教育之间的关系和政治经济等与高等教育之间的关系是不同的,因为文化、文化范畴有内部关系与外部关系双重性质,并且介于内部关系与外部关系之间,起着重要的沟通作用。因此,法治文化对于法治教育的作用是非常直接与深远的。特定时期的法治文化环境构成了这一阶段大学生法治教育最直接的生存土壤,大学生法治教育也不应回避法治文化环境的作用。

首先,法治文化对法治教育价值取向起着重要的影响。法治的价值在于呼唤自由、公平、人权等层面,体现出法治对人的终极关怀。也正是因为这一意义,导致法治不至于成为奴役人的工具和手段,成为人们构建美好生活愿景的手段与方式。随着文化的交流与发展,各国文化传统相互交融,因此导致一些法治教育价值取向的交融。因此,中西方的法治教育价值取向在相互借鉴与渗透,这也是文化开放的结果。

其次,法治文化中的法律思想与观念等对法治教育主体的法律思想与观念产生着深刻影响。例如,中国古代深受儒家思想的影响,形成了以"礼"为核心的传统法律思想,这种思想不断被强化,直至中国封建社会出现了"法律儒家化"的局面。也正是基于这种法律思想与观念,中国传统法治教育无论在法律观念还是在法治教育内容与方法上都受到了儒家思想的影响,呈现了鲜明的儒家化。

最后,法治文化对法治教育还会产生独立的影响。作为一种文化系统,法治文化具有相对独立性,尤其在观念形态层面。法治文化的这种独立性决定了其能够在政治、经济因素以外对法治教育独立产生影响。从这一角度来说,法治文化成为联系法治教育与政治、经济等因素的媒介,成为二者之间进行沟通的桥梁。

总体而言,法治文化是法治教育中的一项重要因素,其不仅是法治教育得以生存的环境,还对法治教育的发展起着巨大的促进作用。

（二）法治文化与大学生法治教育相互促进

1. 法治文化对大学生法治教育的促进

如果没有法治文化的支持，那么任何法治都不可能独立存在。法治文化的重要内核就在于人们对于法治的内心认可与确认。随着人类文明不断进步与发展，法治文化也得以发展。法治文化能够促进法治教育，这在法治运行的各个环节都能得以体现。一次良好的法治实践本身就是法治宣传教育，并且效果比说教式更好。

（1）法治文化满足大学生法治教育发展的需要

建设法治文化、构建法治社会实际上都属于教育的范畴，属于一个法治教育的范畴。教育包含法治教育，从本质上说，是提升人的价值的过程。无论是法治文化还是法治教育，其目标都是人，最终价值都是为了保证人的全面发展。

当代大学生法治教育的主要目标在于提升学生的法律意识，成为一名合格的法治公民，实现自身的全面发展。法治文化的核心在于教育，其包含了对学生展开法律知识、法律意识、法律思维等层面的教育，以培养出全面发展的人。从这一点来说，法治文化的目标与素质教育存在着某些一致性，只不过大学生法治教育是为了培养大学生的法治素质。因此，法治文化与大学生法治教育相辅相成、相互促进。

大学生都是特定现实生活与历史文化背景下的人，他们来自世界的各个角落，地域不同、家庭文化背景不同，导致文化习性不同。因此，大学可谓是一个社会的缩影，也是不同文化之间进行交流的空间。具体来说，可以在校园中组织法治文化讨论、讲座等活动，让校园文化与法治文化相融合，从而营造良好的校园法治文化氛围。

（2）法治文化满足大学生对法治的文化需求

从法治文化层面来说，高校丰富多彩的法治文化是大学生生活质量高低的一项重要指标。随着我国建设法治国家，大学生更加需要法治文化，无论是师生关系、同学关系的处理，还是自身财产权与人身权的捍卫，都需要法律的守护。

2. 大学生法治教育对法治文化建设的推动

具体来说，大学生法治教育对法治文化的构建有如下几点作用。

首先,大学生法治教育具有传播与发展法治文化的功能,而法治文化建设的重要内容也是这两点,因此二者相契合。

其次,大学生法治教育具有法治文化创新功能。法治教育在传播与发展法治文化时,并不仅仅是对法治文化进行完全复制,而是会随着社会文化的进步与发展,不断赋予法治文化新的内容与文化意义。显然,法治教育是在对法治文化加以创新,将已有的法治文化财富传授给学生,让学生形成与法治文化发展相关的创造力,从而不断更新法治文化。

最后,大学生法治教育还具有整合控制法治文化的功能。文化具有复杂性,无论是什么文化,其在一定程度上都会整合为一,当然法治文化也是如此。大学生法治教育可以通过法治精神与观念的宣传,对大学生的行为加以引导与规范。法治文化一旦得到整合,就会形成一种模式并保持下去。

因此,大学生法治教育的基本特征之一就是达到了与法治文化的契合,只有对法治文化进行深入的研究,探寻大学生法治教育的合理价值取向,才能明确大学生法治教育的内核。

二、高校大学生法治教育价值取向的历史演变和现状反思

（一）中国学校法治教育的历史演变

1. 近代中国学校法治教育的缘起

大学生法治教育本身属于学校法治教育。因此,对法治文化与大学生法治教育之间的关系进行解读首先就需要分析学校法治教育。近代中国学校法治教育源自清末传统科举制度的废除以及近代学堂的兴办。近代中国高校只是设置了法律教育或者说是法学教育,而并不是法制教育或者法治教育,而法制教育的开端是中华人民共和国成立之后。

2. 中华人民共和国成立后大学生法制教育的初步探索

1954 年,中华人民共和国第一部宪法的颁布,导致各项政治制度、经济制度、法律体制等建立起来。在这之后的短短两三年,颁布了近千

部法律法规,同时对刑法、民法等法律进行起草,努力构建新中国社会主义法律体系的基本框架。

1957 年下半年,刑法、民法等法律暂停了制定。从此,法律虚无主义盛行。一直到 1976 年,无论是高校思想政治课如何变动,法制教育都不是其组成部分,因此法制教育被迫停滞了 20 多年。

在改革开放的头 20 年,党和国家的工作中心转向"以经济建设为中心",这一时期的大学生法制教育与其他各方面的工作一样,都是围绕以经济建设为中心,完成了恢复工作,并得到了较快的发展。

从 1978 年提出要对学生展开法制教育到 1986 年《法制基础》课程的设置,虽然其中涉及一些法律的基本理论,但是内容主要介绍的还是法制、法律等普及性知识。在途径选择上,也多以自我教育与社会教育为主,课堂教育非常随意,也不正规。在管理上,主要是由法制教育宣传部门负责,教学部门属于辅助的地位。

随着改革开放不断深入,大学生法制教育得以快速发展。大学生法治教育取得了与思想道德修养课程同等的地位。从内容上说,从"85 方案"逐渐转向"98"方案,开始实行程序法与实体法并重的局面。在此途径下,大学生法治教育开始变得更加具有规划,呈现出以课堂教学为主,课内外教学相结合。这一时期,全国很多高校开设了法律基础课程。同时,在课外,一些高校也开设了辅助教学平台。

3. 走"以人为本"的大学生法治教育之路

21 世纪以来,我国大学生法治教育的一个重大转变就是从"文本"式转向"人本"式,即实现"以人为本"的大学生法治教育。

(1)"文本"式法治教育特点

长期以来,由于受法律作为一种工具的价值观的影响,我国大学生法治教育形成了以条文为主的"文本"式教育模式。这一教育模式具有如下特点。

第一,注重法律知识讲授,轻视法治教育理念的培育。这一教育的目的是让学生掌握法律知识,认知基本的法治教育理念,从而增强学生的守法意识。基于这样的教育观念,法治教育的内容选择也是基于文本的,以法律知识作为教育核心,强调法律知识的全面性与系统性。

第二,注重义务与服从,轻视权利的维护与保障。传统的法治教育将守法教育作为目的,导致在教学内容上侧重于义务,要求大众要服从。但是,并未教授给学生自身的权利以及权利的实施和限制。这就导致学生与法律之间保持了一定的距离,促使他们消极守法。

第三,注重实体法,轻视程序法。实际上,如果没有程序,那么就不存在法律。也就是说,如果没有程序要件,那么法律是很难运行的。因此,程序法理应成为我国大学生法治教育的一项重点内容。

（2）"人本"式法治教育的产生与发展

为了摆脱上述这种"文本"式教学模式,进入 21 世纪以来,尤其是"05 方案"实施以来,无论是在教育内容与目标上,还是在教育方法与途径上,都展开了各种探索,逐渐向"人本"式法治教育模式转变,并且成效显著。

在大学生法治教育的取向上,应该逐渐回归到人,即注重人的需要与本性。在这一转型过程中,法治文化与大学生法治教育价值取向紧密结合,二者之间的互动,不仅有利于对法治文化精神的观察,还有利于将国外的先进文化与中国优秀传统文化灌入其中,对法治文化加以丰富,实现中国特色的社会主义法治文化。

当然,由于我国社会正处于转型时期,加上长期受到法律工具性这一理念的影响,因此"人本"式法治教育理念还是任重而道远的。

（二）高校大学生法治教育价值取向的现代反思

1990 年之后,社会市场经济成为经济改革的战略目标,也促进社会主义民主政治建设的加快。1995 年,党的十五大报告提出"依法治国"的战略方针,表明现代中国应该走法治的道路。人们也认识到之前的"社会本位""工具化"等理念已经不适合社会的发展,而应该转型"以人为本",即体现大学生法治教育的主体地位。

但是,由于现阶段对法治文化出现了误读,尤其是受到工具理念的影响,在价值取向上陷入了困境,即学生的法律知识贫乏,无法用法、护法,并且对法律意识等的过分强调,导致大学生的法律素质并未得到应有的提高,这些都导致"以人为本"理念并未真正地实现。也就是说,法治文化与大学生法治教育的契合还存在明显的差异。

当今时代,随着全球经济、政治的发展以及教育改革的进行,出现了一些新趋势,其中人的发展问题成为人们关注的热点。人们认识到教育的目标不应该仅仅作为一种手段,而应该让学生学会认知、学会做事、学会生存,这样才能真正发挥人的潜力,促进自身的全面发展。在这一时代,教育的价值取向转向对人的全面发展的关注。

我国很多学者对学校教育改革进行思考时,也认识到社会发展的变化,尤其是信息技术的影响。在这样一个变化的时代,大学生法治教育也必须进行整体性的改革与创新。只有这种改革与创新,大学生法治教育才能具有自觉性,对自身存在的问题加以解决,并重建大学生法治教育的根基。

因此,跳出传统工具主义的思维定式,赋予大学生法治教育的新的灵魂,在实现法治文化与大学生法治教育的良性互动中,提升学生的法律意识与素质,为整个社会的法治文化建设贡献力量。

三、确立与法治文化相契合的高校大学生法治教育价值取向

价值取向决定行为选择。大学生法治教育要想走出困境,就必须在实施方法与路径上作出创新与改进,从而使大学生法治教育建立在对法治文化的价值选择层面,这实际上是文化自觉的体现。

(一)确立大学生法治教育价值观

1. 将"以学生为本"作为基本出发点

在现代社会,法律因为其稳定、规范的特征与所具有的调节认识功能成为对社会关系加以调整的重要规范。在阶级社会,统治阶级总是用某种行为准则、某种思想对人们的行为进行指导,以协调各种利益关系,但是这种"压服"是很难起到决定作用的,还需要进行教育,通过教育,才能让人们更加自律,真正地做到心悦诚服。因此,大学生法治教育需要做到以学生为中心,这样才能让学生提升自身的法律意识与素质,真正做到自律。"以学生为本"作为大学生法治教育的出发点是具有客观现实基础的。

2. 构建全面、协调、可持续发展的教育价值观

与法治文化相契合的大学生法治教育体现了素质教育价值观。在我国,素质教育的目的在于从人的需要与发展出发,全面提升受教育者

的基本素质,根本特征是对受教育者主体性的尊重,注重开发受教育者的潜能与智慧,使他们形成健全的人格。因此,从很大程度上来说,素质教育是对传统教育中对知识传授的思想与方法的扬弃,转向对教育过程中能力的侧重,从而实现从能力向素质的转型。

3.建立全方位的开放式的、创新性的教育价值观

互联网上有着丰富的道德观与政治观。因此,在这一时代下的大学生法治教育中,应该采用高度开放的模式,在教学内容、教学过程、教学方式等层面都应该实现开放。例如,在教学目标上,除了要有总体目标,还应该有具体目标,除了有知识目标,还应该有技能目标、价值观目标等,实现目标的多元化。

随着科技的迅速发展,其对教育的创新性要求越来越强烈。同样,大学生法治教育也需要树立创新教育价值观,注重培养大学生的创新思维与创新意识,培养大学生的创新性人格,使他们的意识更加坚定,更具有独立性。

（二）优化大学生法治教育内容

法治教育价值观不可能凭空产生,需要不断充实培育的内容;法治教育的培育内容不加选择是不能对法律信仰生成产生实效的,必须优化培育内容,精准对标大学生法治素质的生成。

1.优化法治理论认知

高校法治教育是大学生法律基础理论知识宣传的主阵地,对大学生进行法治知识的灌输要特别注重发挥高校课堂的作用,重视《思想道德修养和法律基础》等公共课程对法律知识的普及。优化法治理论认知主要表现在以下三个方面。第一,对核心概念的理解。过去我们教科书对"法律"的内涵局限在"统治阶级的意志和专政工具"的认识,这种界定使法律不过是政治的一个手段和阶级斗争的工具,忽略法律本身的独立价值,以至于无法唤醒大学生的法律信仰。对"法治"的理解停留在"依法治理"甚至"以法治理"的认识,没能充分认识到法治是与人治相对立的治理模式,其关键是对权力的制约,以保障公民的合法权益。这样就很难产生对法律的亲近感和至上的权威感。因此,有必要科学把

握"法律""法治"的内涵。第二,法律常识的认知。重点理解法律的价值、法律的功能与作用、我国社会主义法治体系,等等。对这些常识的正确认知有助于培养大学生对法律的信仰。第三,我国现行的与国计民生特别紧密的法律法规,使得大学生充分认识法治是国家治理的基本方式,进一步领会学法、知法、守法、用法的重要性,加深对法律的信任和认同。

2.促进法治观念认同

大学生法治教育是广大非法学专业的大学生法律学习的重点,应从法律常识转变到法律意识与法治观念上来,其内容主要有如下几点。

(1)法律至上理念

法律至上理念是和各种专制理念、人治理念相对立的概念,是把法律作为最崇高、最权威的价值判断标准。没有法律至上理念,就无法真正树立对法律的信仰,不可能建设社会主义法治国家。1997年党的十五大确立了"依法治国"基本方略,2014年党的十八届四中全会进一步提出"全面推进依法治国,建设社会主义法治国家"。这昭示了法在人们社会生活中的崇高地位。高校大学生作为社会主义法治国家建设伟业的继承者和接班人,必须真正树立起法律至上理念,正确处理法律与权力、法律与人情的关系,摒弃权大于法、人情大于法、关系大于法、遇到法律纠纷时只要找关系、靠人情就能解决问题的错误观念。

(2)程序公正理念

对公民法律信仰的培育,除了让公民得到公正司法结果外,还需要让公民体会到在执法过程中的公正对待,这就是要坚持程序公正的理念,其是公平与公正的一项重要保障。要想理解程序公正,就必须明确合法、公平与权益三者的关系。其中,合法性原则是前提,公平性原则是目的和价值追求,效益或效率是降低成本需要。法治教育中加强程序公正理念的教育,有助于提升大学生法治理念和法治精神,而且也是当代大学生培育法律信仰所必须树立的理念。

(3)权利意识观念

法律的核心在于对公民的权利进行把握。法律信仰与公民权利之间是相辅相成的关系。

第一,加强权利意识,会让公民更好地承认法律,从而提升自身对法律的认同。

第二,人们对法律的鉴定也会推进公民权利观念稳固,促进人们法律意识的增长。

想要培养大学生的权利意识,就需要将权利从对公转向对个人,强化人们的权利观念与意识,提升他们的法律信仰。当大学生感受到法律的重要性的时候,内心就必然会产生对法律的一种特殊的情感,并随着法律的深化不断积累,从而不断升华为自己的法律意志。

(4)法律权威观念

随着中华人民共和国的成立,我国的法制建设有了进一步的发展,但是在现实的实施中,还存在一些问题。很多学生对法律产生怀疑,这对于大学生法律信仰的培育是极其不利的。因此,我们必须对法律权威进行强化。

一般来说,法律权威包含两个层面:

第一,树立法律在人们心目中的威信;

第二,要求行为主体对法律的安排予以服从。

这就要求法治教育工作者应该掌握创新的方法与技巧,加大宣传,提高学生对法律的关注,将法律价值与精神深深地印刻在大学生的头脑之中。

(三)活用大学生法治教育方法

1. 改进课堂教学方法

教师采用科学的教学方式不仅能够完美地呈现教学内容,还能彰显自身的价值,也能够内化大学生的法律知识。因此,教师应该从教学内容出发,对自己的教学方法加以改进。

当前的教学方式往往是灌输式的教学,这对于法律知识的学习是非常不利的。教师在教学中应该从学生的需求出发,对学生学习中遇到的问题进行分析,采用互动的教学方式,将理论与实践相结合,尤其是案例法的运用。总之,课堂教学应该注重要点与方法的讲解,并运用网络多媒体的手段,使枯燥的法律教学更加有趣,从而提升学生的学习兴趣与积极性。

2. 丰富法律案例

过去我们过分强调灌输法律知识,现在特别强调情景式教学法。由于缺乏切身的体验,高校学生很容易产生对法律知识的淡漠之情,这就很难使大学生形成法律权威观;通过社会生活实际演练的情景式教学法,使学生产生强烈的感官刺激,从而调动学生根据自己的生活经验,充分发挥想象力,用换位思考的方法,将生硬的法律条文运用到具体而又丰富的生活中,而且还可以提高学生对于法律的感性认识,以进一步提高法律在学生心目中的崇高威望。我们还要鼓励学生参与各种形式的法律活动,如模拟法庭,在固定时间举行学生法律咨询日等,以培养学生的法律意识,让法律的权威观念在广大青年学生中逐渐树立起来。

(四)弘扬优秀传统法律文化

1. 弘扬优秀传统法律文化的必要性

一个国家的法律构造会受到国家传统文化的影响和制约。如果一部法律可以将民族的文化传统体现出来,那么就更容易激发人们对法律的认可。如果法律中丧失了文化传统的内容,那么这样的法律也就必然缺乏公信度,人们也很难对法律予以认可。

随着我国法律文化的不断进步与发展,已经逐渐转化成了民族心理与性格,到了今天才能被人们认可与接受。这也说明法律能够被借鉴与发扬,因此可以将传统法律文化的底蕴运用到当代的法律文化之中,从而推进我国法律文化的进步与发展。

因此,我们应该在正确认识我国传统法律文化的基础上,取其精华、去其糟粕,不断发掘我国法治本土资源的内在价值和优势,并进行科学引导与转化;摒弃传统道德观念中束缚法治发展的思想枷锁,为我国公民法律信仰生成奠定文化基础。

2. 汲取传统法律文化精髓

我国几千年来积淀而成的传统法律文化要合理吸收、利用,发挥其现代价值,使我国的法治本土资源发挥其深厚的力量。

（1）治理观上的"德主刑辅"

当前，我国传统的道德观念与我国法治思想存在着很多冲突之处，但是不可否认的是，公众对传统文化中道德成分的依从是法律信仰得以形成的基础。如果现代法律没有蕴含传统道德，那么很难被认同。

这就是说，现代的法律价值、法治思想需要将传统文化、民族精神等融入进去，并对传统文化加以继承，这样才能与民众的情感相符合，才能受到传统精神与道德观念的影响。法律尤其需要道德进行支撑，这样才能得以生存与发展。况且，与充满缺陷、差异的人相比，法律是恒久的、普遍的。

（2）秩序观上的"无讼是求"

中国古代"天人合一"的哲学思想反映在法律秩序上就是追求社会和人际关系的和谐，认为"讼"容易激化社会矛盾，"无讼"才能保持社会和谐。这种"无讼是求"的价值观造成的根深蒂固的法律观念是"以诉讼为耻，以无讼为德为荣"。"调解"成为在这种价值观支配下解决矛盾纠纷的基本方式。

以"诉讼"为耻的价值理念固然与现代法治思维方式不相适应，但通过调解处理矛盾纠纷，从而"化干戈为玉帛"，有利于降低社会矛盾，增进社会和谐。实践证明，"调解"这种具有中国特色的法律纠纷处理机制是富有成效的，对社会也产生了明显的正溢出效应。其追求秩序的和谐思想可以说是嵌入我国社会主义核心价值观中和谐观的文化因子。

3. 摒弃不利于法律信仰的文化

我国传统道德支配下的法律文化在许多方面发挥着积极的作用，但同时也在很多方面对形成法治造成不利的影响。例如，重义轻利的责任观，一直到今天都是我们倡导的道德信仰与价值追求。但是，从现代法治视角看，一味注重义务和责任，轻视权利和个人的正当利益，是不利于法治建设、社会经济发展与人民生活质量的提高的。再如，集体本位的公私观，我国传统文化对"公"与"私"作了浓厚的道德评判："公"受到极高的道德褒扬，直至现在，象征美好价值的"公平""公正"都用了"公"字，与此相对立，中国的"私"就具有了道德上的负面意义，如"私心""私利"在西方看来是中性的词汇，在国人的心中，则认为是不道德的。这在很大程度上否定了追求个人权益的正当性，不利于法治建设。再如，"无讼是求"的价值观，虽然在人际和谐与社会秩序稳定方面有其积极意义,从表面来看,这是一种追求社会和谐的思想,但是,"无讼"思想导致"厌讼""恶讼"心理情绪的弥漫,对通过公正独立的司法程序解决纠纷会产生不利影响,使得公众的诉求难以通过有效的途径得以解决。

(五)优化社会法治环境

这里指的法治环境,是对法治建设构成影响的观念、制度、行为准则等为内容的非物质因素,主要是由立法、执法、守法和司法等法律运行所构成的环境。

"橘生淮南则为橘,生于淮北则为枳。"自然环境对植物生长都有如此影响,社会生活环境对人的成长也是如此。大学生身处一定环境之中,无时无刻不受到环境的影响。大学生生活的法治环境深深影响着大学生的思想、行为和法治信仰培育的全过程。

第四节　大学生德育贯彻法治精神的新思路

一、高校德育工作者提高依法治校的思想认识

高校德育工作者能否树立明确的法治观念,能否认清把学生德育工作置于依法治校大背景下的必要性和迫切性,是高校学生德育工作能否法治化的重要前提和基础。

高校德育工作者要牢固树立依法办事、尊重学校章程、法律规则面前人人平等的理念,围绕人才培养、科学研究、社会服务和文化传承创新,建立公正合法、系统完善的制度与程序,保证学校的办学宗旨、教育活动与制度规范符合民主法治、自由平等、公平正义的社会主义法治理念要求。然而一些官本位思想严重的高校德育工作者,在对学生德育考评时缺乏公开化、民主化,根本无法做到公开、公平、公正,同时不够重视学生应享有的权利,过分强调他们应尽的义务,大大缩小了他们行使权利的空间。这就要求高校德育工作者做到模范守法,依法用权,坚

持正当程序原则,使高校德育工作在依法治校的背景下从无序到有序,从随意性走向标准化,从经验走向科学、民主,从而最终实现现代化、法治化。

二、大学生要增强自己的维权意识

高校的法治与德治是相辅相成的,要增强学生的法治意识,就要发挥"两课"的主渠道作用,以中国特色社会主义理论体系为核心,在做好"三进"工作的同时,必须做好思想道德教育、民主法制教育和形势政策教育等工作,同时根据"两课"的特点组织各种形式的讲座和报告会,不断延伸和深化法制教育的内容,使广大学生在接受德育教育的同时,对法制教育有更深层次的了解,进而增强其维权意识。

高校学生在维护自己的合法权利时,也存在着有法不依的现象,比如,经常有学生由于学校设施质量问题而受伤,校门管理不严致使校外人员进入学校对学生造成伤害,学生的著作权、财产权、肖像权受到侵犯等等问题。究其原因是多方面的,从法治角度讲,学生尚未树立法治观念,对法律不熟悉,缺乏维权意识等。从德治角度来看,我国高校目前的德育工作机制已经无法适应时代和社会发展的需要。

和其他工作相比,德育工作往往被忽视,仅仅停留在重说轻做的形式上,其强大的作用没有得到很好的发挥,使得受教育者在学校中的"机会平等"难以实现。这就要求高校在治校的过程中把法治与德治结合起来,法治是道德的坚强后盾,当道德劝导和说服无效的情况下,法治则以维护社会公正、正义和人权的姿态对道德规范以有力的支持和维护。高校要充分发挥法治和德治的各自优势,使法治和德治相互结合,相互依托。

三、建立长期有效的约束和监督机制

首先,高校要制定关于大学生德育与法制教育一体实行的章程和治理细则。高校按照章程严格执行和治理,促进教育内容的科学性和全面性,确保教育程序的合理性和有效性。根据具体情况的不同,高校要制定符合本校情况的特色章程,也可以适当引进外校的治理模式,帮助高校更好地开展德育与法制教育工作。其次,高校要建立相应的激励和监

督机制。现代高校的发展呈现出"去行政化转市场化"的趋势,我国可以借鉴欧美部分高校的经验,与现代企业管理机制相结合,建立德育与法制教育一体实行的约束监督机制,对相关的权利运行机构进行分权和制衡,防止教育决策中的个人过度自由裁量,从而保证高效德育与法制教育工作的有序实施。

四、提高德育与法制教育的质量效果

从内容上说,高校需要在现有的基础上进一步丰富和规划。大学生法制教育与德育的有机整合需要进行系统的规划,结合高校所在地区、不同类型院校以及各个年级层次特点来进行。从形式上说,大学生德育和法制教育要采用多元化的方式,提高学生参与的积极性。由于法制教育和德育跟实际生活联系紧密,教师可以采用渗透式的教育方式,通过点点滴滴方方面面对学生施加教育影响。从师资上说,高校要建设专业化的教师队伍。不仅要求教师所学专业与法制教育和德育教育对口,还应加强其在职期间的法制教育与德育教育培训,促进整个教师队伍的不断学习和成长。

综上所述,加强高校大学生的素质教育,实行法制与德育的一体化整合,是关系到我国社会发展的重要问题,为社会培养出真正意义上法德兼备的高素质人才,为中国特色社会主义政治、经济、文化建设贡献力量。

第五章

新时代高校立德树人之基石：以心育人

　　大学阶段是人才成长的重要阶段，大学生是高级人才的预备队伍。就个体的发展来说，大学生是从青春期转向成年期的过程。由于大学生的心理并未成熟，缺乏自我调控能力，加上需要适应变化的环境，因此在面对一些复杂的问题时，往往会出现矛盾心理，造成心理的不适与焦虑，甚至产生一些消极心理。本章主要论述新时代高校立德树人之基石：以心育人。

第一节　大学生心理健康教育简述

一、大学生心理教育的内涵

心理教育,是运用心理学和教育学的知识,培养学生良好的心理素质,提高学生的心理适应能力,增进学生的心理健康而实施的一种教育。诸如改进学生的读书习惯、开发学生的智力、意志品质的培养、良好性格的塑造等都属于心理教育的范畴。从狭义方面来说,大学生心理教育即是通过教育引导,使大学生能自我解决心理问题,提高心理素质,促进心理健康。大学生心理教育既有自然科学性质,也有社会科学性质。它是心理学、教育学和青年学相结合的一门学科,是一门交叉学科。

大学生心理教育与教育心理学、医学心理学、社会心理学、青年心理学都有密切的联系。教育心理学研究受教育者掌握知识、技能与形成道德品质的心理规律,因此其研究成果对于大学生的智力开发、品质培养及自我教育、自我控制都有着重要意义。医学心理学研究心理因素在疾病的发生、诊断、治疗与预防中的作用,这方面的研究成果对于大学生预防与治疗心理疾病,提高大学生的心理健康水平有积极的作用。社会心理学研究社会领域的各种心理现象与心理规律,其研究成果对培养大学生良好的心理品质、提高人际关系的心理适应水平也有积极意义。青年心理学研究青年心理的发展规律,其成果为探讨大学生心理发展规律、培养大学生良好心理品质提供了理论基础。

二、大学生心理教育的特点

（一）实践性

大学生心理教育具有明显的实践性。理论联系实际的原则对大学生心理教育有特别重要的意义。心理教育单纯依靠言语教育难以改变学生的心理行为,因此必须结合心理训练等实践教学活动来进行,必须有一整套实践教学内容、要求、目标、步骤。

(二)针对性

心理教育强调,必须按照学生不同的心理特点进行针对性教育。因此,必须首先对学生进行详细的心理调查,找出群体和个体的实际心理问题,做出分析评判。随后开展心理教育,增进心理健康水平,及时疏导与改变不良的心理状态,预防心理问题的出现,矫正与治疗心理不健康或心理变态者。

(三)自觉性

心理教育成功的条件之一是学生接受心理教育的自觉性。学校心理教育工作者要通过多种教育教学形式,帮助大学生正确认识自己、认识社会,提高他们的自我认识、自我教育、自我控制能力,发展大学生的心理机能,开发其内在潜力,促进心理健康的发展。

第二节 大学生常见心理问题与表现

一、大学生心理的构成要素

(一)情绪

1.情绪的内涵

情绪是一种常见但是复杂的心理现象,它表现在我们生活的方方面面。从心理学的角度看,情绪是人脑的高级功能,对我们适应生存和人际交往而言起到至关重要的作用,例如,愉快可以表示处境良好,痛苦表示面临困难,对人微笑表示友好,不动声色代表威严,等等。从生活活动中看,我们的日常活动中充满了情绪,同时情绪也最能反映人的内心状态,当我们遭遇挫折时会感觉忧虑,得到好消息或者得到好成绩时会感到快乐。从情绪的分类看,情绪分为了基本情绪与复合情绪,积极情绪和消极情绪,积极情绪包括快乐、兴趣、满足,等等,而消极情绪包括痛苦、悲伤、恐惧,等等。一般来说,人们更关注消极情绪,并且总是想办法控制自己避免消极情绪,而随着心理学研究的深入,研究人员发现其实消极情绪也有积极功能,比如适度的焦虑会让大脑神经系统张力增加,反应速度加快,提高工作效率。基本情绪是先天的,人与动物共有的,如普拉切克就提出了恐惧、愤怒、惊讶、悲伤、厌恶、信任、快乐、期待八种基本情绪,而复合情绪则是两种基本情绪混合产生的某种复合情绪,比如快乐与信任产生爱,恐惧与惊讶产生畏惧,愤怒、厌恶和轻蔑产生敌意,恐惧、内疚、痛苦和愤怒产生焦虑,等等。

2. 情绪的功能

情绪对我们日常生活起到了至关重要的作用,如果我们体会不到或者是无法理解情绪,那我们的生活将会发生翻天覆地的变化,所以对情绪功能的了解也是一个相当重要的部分。情绪的功能又分为适应功能、动机功能、信号功能。

(1)适应功能:情绪的适应功能是动物和人类生存的手段之一,当动物遇到危险表现出害怕与呼救以获得生存的机会,新生儿会通过哭泣等情绪来引起成年人注意以获得基本需求的满足,在社会生活中通过表现情绪来维护人际关系,理解对方情绪来采取对策等都是情绪适应性的表现。

(2)动机功能:当我们着手做一件回报丰厚的工作时感到斗志昂扬,喜欢上另一个人时会想方设法去吸引、接近他或她,这些动机的来源就是情绪,是动机系统的一个基本组成部分,对行为的内在动力起着放大和增强的作用。

(3)信号功能:情绪在社会交往的过程中有着重要的功能,如传递信息、沟通思想等,我们通过对表情与肢体动作的理解来实现语言以外的信息交流,如有人微笑对你示好时你会靠近,当某人愤怒时你会后退,你可以通过情绪来接近他人,也可以通过情绪来远离他人。有的人愤怒时也许还会因为情绪的驱使做出不理性甚至破坏的行为，从中可以看出人们所体验的情绪也会对社会行为有重大的影响。

（二）情感

情感是人类高级的社会性体验，一般认为，可以分为道德感、理智感和美感。

1. 道德感

道德感包括爱国主义、集体主义、人道主义、责任感、良心等。道德感具有明显的社会历史性和阶级性，例如封建社会的"三从四德"，在当时是给女性设立的行为准则和道德规范，在今天看来是封建礼教对女性的束缚和压迫。

2. 理智感

理智感是在智力活动中，在认识和评价事物时所产生的情感体验。小到小学生解题时获得的成就感，大到科学家追求真理的热忱，都是理智感的表达。

3. 美感

美感包括自然美感、艺术美感和社会美感。自然美感是指人们以自然事物为欣赏的对象时产生的情感体验；艺术美感是指人们以艺术作品为欣赏的对象时产生的情感体验；社会美感是指人们以社会事务为欣赏的对象时产生的情感体验。美感既具有共同性，又有差异性。人类的自然美感具有较多的共同性，如人们都喜欢桂林山水、泰山日出，而社会美感和艺术美感则具有非常大的差异，如同一部电影，观众的评价有时候会走向两个极端，毁誉参半。美感与道德感关系密切，能够引发社会美感或是艺术美感的事物，往往会引发一些道德评判。

（三）爱情

爱情，是一个古老但又历久弥新的话题。爱情是浪漫的一见钟情、是现实的可靠与安稳；爱情是狂热的冲动、是长久的陪伴；爱情是基于生命繁衍的本能,是男女之间的相互憧憬与依恋的真挚、持久与强烈的情感体验与心理活动。不同时期、不同地区对爱情的看法也有所不同。在集体主义的观念里爱情更倾向于陪伴和奉献,而西方个人主义的印象中则更强调激情与自我。

黄家兵认为爱情基于双方一定的社会生活和共同的生活理想,平等互爱、自愿互诺,愿意与对方结为终身伴侣,具有排他性。爱情是身心状态成熟至一定程度的个体对某一异性产生的特殊浪漫的感情色彩。在这一概念里,首先,爱情具有相异性,即恋爱只发生于异性之间;其次,爱情具有成熟性,这是一种身心发展相对成熟下的情感产物;再次,爱情具有高级性,这是一种高级的情感体验;最后,爱情具有生理性和利他性,包括性与奉献,并非柏拉图式的精神爱慕。

爱情是一种非常特殊的情感,它由很多种情绪组成,是在认知、需要和动机的基础上产生的一种特殊的主观体验。

1. 爱情的定义

从进化心理学的角度,探索爱情的产生,可见爱情原本产生于繁殖的需要。人类子女的生长期很长,哺育成本也很高,需要父母双方构结成一个长期稳定的关系,只靠性冲动是难以维持的,于是就有了来自"内源性吗啡"的生理冲动,服务于人类种族生殖和繁衍的需求。但是,当人类获得文明之后,可以更进一步把爱情放到文化冲动中延长持续时间。爱情在人类进入社会文明的进程中之后,生理需求(性与繁殖)的驱动力逐渐减弱,社会需求的驱动力逐渐增强,安全、支持、尊重、归属、自我满足这些需要成为人类爱情世界中的主要需求。从神经生理机制上看,爱情的产生和抑制能够刺激大脑奖赏区以及与社会判断和负性情绪相关的脑区,且恋爱/失恋时长的不同也会影响脑区相关部位的激活。恋爱中的人们的激素分泌也异于他人,如皮质醇水平、睾酮水平等。

2. 爱情的三阶段论

相比较斯滕伯格的爱情三角理论,两者有一致的地方,而爱情的三阶段论更强调人类的生物性。在该理论中,爱情包括三个阶段:性欲、吸引、依恋。其中,性欲主要与性激素有关;吸引受到肾上腺素、多巴胺以及五羟色胺的影响;依恋则与催产素和加压素有关。不同的激素分泌导致不同的情感和行为反应。例如,肾上腺素使人心跳加快、呼吸紧促,为个体提供更多的能量;多巴胺让我们感到兴奋和快乐;催产素让我们能够释放情绪、舒缓压力等。

3. 爱情三原色理论

加拿大社会学家李约翰认为爱情由激情、游戏、友谊三种元素构成。基于此,李约翰指出了6种爱情的类型。

(1)激情型爱情。这类爱情往往将自身心中所想作为追求的对象。

(2)游戏型爱情。这类风格把爱情当作一场游戏,对待爱情嬉皮笑脸、玩世不恭。

(3)友谊型爱情。这种类型的爱情发展缓慢,两小无猜、青梅竹马。

(4)占有型爱情。由激情与游戏型爱情构成,表现为强烈的激情、占有和猜忌。

(5)利他型爱情。由激情和友谊型爱情构成,表现为甘愿贡献,只要是为对方好的事情都愿意去做的付出倾向。

(6)实用型爱情。由游戏和友谊型爱情构成,这类爱情形式比较讲求实际,会将各种情况纳入两个人的关系之中。但实际上,在某一段具体的恋爱关系里,并不一定总是某种形式的爱情不变,随着时间的推移会有一种或者几种类型同时出现。

4. 集束理论

爱情的集束理论认为,爱情是在友情的基础上产生和建立的,是友谊的进一步升华。

除了友谊应该具备的基本元素外,爱情应该还包括激情与关怀两个集束。其中,激情束包括迷恋、性欲望、排他;关怀束包括拥护与付出。

(四)意志

1. 意志的定义

意,心理活动的一种状态。志,对目的方向的坚信、坚持。意志,即对实现目的有方向、有信念的坚持的一种心理过程。

2.意志的作用

一般来说,一些复杂的认知活动,如记忆、观察、想象等,都由意志来支配并且调节,当所需的认知情况越复杂越是需要脑力劳动时,良好的意志品质能给个体对认知活动的开展带来保障作用。同样,意志活动也在认知的指引下开展,比如为实现目的而通过意志来制定的计划就是认知的结果。对客观世界的认知越深入,所积累的经验与知识越多,那在意志活动中所制定的计划就越有效。

3.意志行动

意志行动有发生、发展和完成的历程,一般分为两个阶段:采取决定和执行决定。

(1)采取决定

一个人究竟对动机作何种选择,这往往会反映出他的思想、观点、立场,以及他如何对待集体利益和个人利益之间的矛盾。在这当中,动机冲突被分为了三种类型,分别是双趋冲突、双避冲突和趋避冲突。

双趋冲突是指有两种以上目标同时吸引个体,但只能选择其中一种而产生的冲突,比如待在家里看电影和出去玩两者只能选其一,选择一个必然放弃另外一个。双避冲突是指两种或两种以上都是个体在选择时想要回避的,但只能选择其中一个进行回避,这是一种类似"两害相权取其轻"的选择,比如不想去复习备考的内容,但不复习却又面临挂科的风险,复习与挂科都是想回避的,但只能回避其中之一。趋避冲突是指个体一方面想达成目标,但另一方面却又对目标产生的结果有回避心理。比如进行旅游是一个很有吸引力的社交活动,但旅游所消耗的精力与时间、经济成本却又令人产生犹豫,要解决这样的矛盾,不同的人会根据自己的喜好与价值观进行选择。

但不论是面临何种冲突,个体最终都会选择一个对他有重大意义的动机作为行动的目的。确定动机后需要确定行动的目的和选择达到目的的方法。一般来说,目的越明确,具有的价值越大,对行动的推动性也就越大。循序渐进,有层次的目的会对个体产生很大的激励作用,但过于宏大而遥远的目的则会让人望尘莫及,使人产生懈怠,不能起到应有的作用。行动目的明确后就可以进一步选定达到目的的方法和途径以及拟定行动的计划了。选择方法时,在全面分析的基础上一般会选择成本最优、效率最高的方法,但有些方法虽然是最有效的,却不被社会道德所允许,所以在选择上除了考虑成本与效率外,还应是最符合客观规律与道德规范的方法。

而制订的行动计划是否切实可行,这又与意志活动中的智力因素有关了。因为制订的计划不仅受动机与目的影响,还关系到个人知识经验以及对客观规律的掌握,越是对目的有全面的了解,在制订计划时越是能对行动考虑周全。

（2）执行决定

在经过了动机斗争、确定目的、选定方法、制订计划后,意志行动就从准备阶段过渡到了执行阶段。一般来说,执行阶段包括了根据既定方案组织行动与克服困难保证意志行动顺利进行两个方面。组织行动是指前期所有的准备都已就绪,在做出决定后,多数情况下会立即行动,但有时客观条件不允许或者这一决定只是未来行动的打算,需要一段时间过后才能行动,但不论怎样,个体决定后迟早都应通过行动来实现自己的打算,否则所做的决定也就失去了意义与价值。克服困难保证意志行动就是说在执行的过程当中个体会遇到各种各样的阻碍与困难,这时候就需要保持理智的头脑,克服消极情绪,以个体的毅力与决心来克服困难,在这个阶段中,意志的品质表现为坚定地执行所定的行动计划,如果在执行原定计划时遇到障碍就半途而废,这是意志薄弱的表现。但坚定性不代表刻板,在经过了实际检验与客观条件分析后要求放弃或者修改原定计划并不属于意志薄弱,相反这是意识能动性体现。当个体实现了目标,取得了胜利,标志着一个基本的意志行动过程的完成。但是,人的发展过程是一个又一个的意志过程的实现,在新的需要、动机推动下,继续向目标的迈进,是个体意志行动中更为重要的环节。

4. 意志的品质

（1）自制:自制体现为人的自我控制的功能。自制力强便可有效地支配、控制和约束自己的言行,而缺乏自制力则表现为不能自律,容易冲动等。

（2）果断:及时、坚决地做出决定和执行决定是意志果断的表现。较强的果断性能让个体在面临复杂的客观情况与内心斗争时也能迅速地做出决策。缺乏果断性表现为在面临抉择时犹豫不决,除了可能是面临的情况复杂,不易做出决定外,可能就是意志品质上的缺乏,优柔寡断、患得患失,这样在工作生活里,如果长期处于动摇与不定当中,容易造成不可挽回的损失。

(3)坚韧:意志的坚韧性体现在能在各种不利条件下克服各种客观因素的不利干扰,能灵活机动并且长期维持符合目的的行动,这种坚持不懈的品质又称作毅力。具有坚韧品质是人们取得学业、事业成功的不可缺少的意志品质。它与行为的目的水平与行为的责任感有一定的正相关,目的的水平高,对社会有较大的价值,就会产生较强的坚韧性。当然目的水平不宜过高,不具备实现性的目标对坚韧性则不会产生太大影响。同样个人的行为责任感越强,自身就越能在困难面前展现出越强的坚韧性。缺乏坚韧性则表现为动摇,在面对困难时心灰意冷、半途而废等,都是意志薄弱的表现。

优秀的意志品质也在影视作品中反复被提及,具备这样意志品质的人不仅能在巨大的压力下坚持自己的信念不动摇,更为重要的是如果他所进行的事业越高尚,那么能保持这样的品质就越显得难能可贵。在反映第二次世界大战的电影《至暗时刻》中,就把目光聚焦在当时即将成为英国首相的温斯顿·丘吉尔身上。通过描述这位二战时期的传奇人物在英国最危难的时候——既要应付国内的党派斗争还要面临外部战争的威胁时,如何顶住压力一步步把英国带向胜利的道路上的。电影中随着法国的投降与保守党祈求和解来逃避战争的想法让丘吉尔面临一个前所未有的困难局面,即使是这样丘吉尔依然选择坐上首相的位置,义无反顾地力排众议,坚信只有反抗到底才能让英国从纳粹手中获得新生。电影中之所以能把丘吉尔的伟大表现出来,重要的一点就是当他的祖国面临生死存亡时他依然能坚持自己的意志不动摇。其中,有一段是丘吉尔在求助罗斯福被拒绝时英国所面临的背水一战的危险处境,但在如此巨大的压力下他依然能克服消极情绪的干扰,坚持自己的主张不动摇,就是他高尚意志品质的体现。

二、大学生常见的心理问题

(一)学习方面

部分大学生对目前就读的专业不认可,对自己未来的就业前途感到迷茫,但由于已经在该专业就读,又不得不学习,心理压力越来越大。还有部分学生参加了过多的社团和学生组织,没有足够的时间学习,无法平衡社团活动和日常学习。一些家长对学生的期望很高,希望学生在学校多参加课外活动,争取学校奖学金,这又增加了学生的压力。此外,同专业、同班级学生之间的竞争也会增加学生的学业。而随着学业压力的增加,一旦学习成绩不理想,出现成绩下降、挂科、留级等情况,都会使学生出现焦虑、恐惧、抑郁等心理问题。

（二）性格方面

当前大学生在性格上主要存在四方面问题:一是胆小怕事,自卑;二是心理承受能力弱,抗挫折能力差,就像温室里的花朵,经不起大风大浪;三是不懂为人处世的技巧,担心别人不认可自己、看不起自己;四是自我认同不足、缺乏自信心。受以上问题影响,部分大学生常常把压力积压在心底,久而久之,会产生焦虑、抑郁等心理问题。

（三）人际关系方面

刚刚入学的大学生面临新的环境、新的人际关系和新的教学模式。现实中的大学和他们心中想象的大学可能完全不一样,他们在心理上会产生落差。大学是个小社会,大学中的人际往来也不像中学时期那么简单,很多学生适应不了这样的生活。大学里的同学来自五湖四海,有不同的地域特色和生活习惯,室友之间、同学之间相处起来很容易产生矛盾。在大学中,学生和教师的关系也发生了极大变化。大学学习要求学生有较强的自控能力和自律能力,教师离学生的生活较远,师生之间沟通交流较少。有些无法排解心理问题的学生选择沉迷网络,在交流门槛较低的虚拟世界中满足自己的心理需求。

（四）就业方面

随着高校扩招,高校在校生人数呈逐年增高,这也导致了当代大学生就业难的问题。从前包分配工作的模式几乎不复存在,绝大部分大学生都要凭自己的真才实学找工作。日益激烈的社会竞争和不断加快的生活节奏,给大学生制造了越来越严重的紧迫感和越来越大的压力,学生进入大学校园后就会关注自己所学专业的就业前景、薪资待遇等问题,一旦发现专业就业前景困难,心理压力就会增加。

此外,当前很多企业认为刚毕业的大学生缺乏工作经验,不能很快地为公司创造价值,因而更倾向于选择雇佣有经验的人员以减少培训成本。还有一些企业存在虚假招工的现象,欺骗误导大学生,导致学生频繁跳槽,无形中增加了就业成本。

在就业观念上,许多家长乃至大学生本人都认为作为大学生应该找一份体面的工作,过高的工作期望会进一步增加就业压力,导致大学生缺乏清晰的自我认知,毕业后感到迷茫,不知如何选择适合自己的职业,心理负担不断加重,进而导致心理问题的产生。此外,大学生在恋爱、网络依赖等方面也容易出现问题,危及心理健康。

第三节　大学生德育中的心理问题调适策略分析

一、通过家庭环境来调适心理健康问题

(一)家庭环境中的教育信念

家长要想教育好自己的子女,并不是仅仅怀有一颗爱心,或者抱着一种望子成龙、望女成凤的心态就可以的,还应该讲究教育的手段和方式,只有形成良好的家庭环境,才能让孩子健康成长。

1.思想品德教育

在家庭教育中,思想品德教育是其重要的内容,包括学生的世界观、人生观、价值观教育等。因此,每一个家庭都需要努力提升自己孩子的思想道德水平,家长可以与自己的孩子进行交流,引导他们构建自己的道德意识,发挥他们的道德情感,促进他们的道德行为。

2.社会适应能力教育

大学生进入大学之后，就意味着已经向社会迈进，因此要求他们在社会这个大环境下，能够与他人展开交流、与社会环境协调，从而提升自身的综合素养。这是一种综合能力，与大学生个人的前途与命运休戚相关。因此，家长应该引导孩子多与他人接触、恰当处理与他人的关系，从而能够与社会环境相适应。

3.身心健康教育

在大学生家庭教育中，身心健康教育非常重要，也是现代人才的根本要求。当前，大学生的身体素质并不乐观，因此家长应该努力培养他们的健康意识，让大学生明确身体是革命的本钱，只有身体健康了，才能更好地进行学习，走向社会。

4.爱和生命教育

教育的终极目标在于让每一个生命都能健康发展。对大学生展开爱和生命的教育，可以将大学生的生命热情激发出来，引导他们对生命有正确的认识，能够珍爱生命、珍爱自己、珍爱他人。因此，家长应该创造平等、民主、和谐的家庭氛围，让大学生感受到生命是多么美好的，从而更好地尊重生命。

5.情感教育

一个人经受过情感教育，往往善于与他人沟通交流，能够唤起他们对生活的热爱。如果一个人没有经过情感教育，往往比较自大、自卑。大学阶段是大学生情感走向成熟的阶段，因此家长应该好好把握，引导孩子培养有责任、自豪、信任、安全的情感，让他们学会控制自己的情感，学会表达，从而形成健康的情感。

（二）创造必要的物质条件，奠定坚实的经济基础

良好的家庭教育需要一定的经济基础，经济基础为实施良好的家庭教育提供了保障。必要的物质条件可以保证大学生在健康、美好的环境中成长。家庭中的经济状况对于大学生的价值观有很大的影响。一

般来讲,坚实可靠的物质条件,可以给大学生提供优质的生活,健康的心理,积极乐观的处事态度。表现在道德价值观方面,必要的物质条件可以给大学生带来心理的充实感,更有利于大学生形成宽容、无私、博爱等的价值观念;表现在学习价值观方面,必要的物质条件可以给大学生提供良好的学习和生活环境,取得好成绩的概率更大;表现在就业价值观方面,必要的物质条件可以满足大学生的合理需要,在进行社会实践过程中更注重于自身的锻炼、眼界的开阔、格局的提升而不是只顾赚取利益;表现在婚恋价值观方面,必要的物质条件可以使大学生在恋爱或者婚姻中考虑金钱因素更少,考虑精神等其他合理因素更多一些。因此,家长要努力奋进,尽可能地给子女提供良好的物质条件和相对安全舒适的环境,给大学生今后的发展奠定一定的经济基础。

但是家长也应注意,虽然一定的物质条件为实施良好的家庭教育提供了保障,为大学生接受良好的家庭教育奠定了物质基础,但是如果家长整体素质不高,没有良好的教育方法,没有良好的家教氛围,仍然难以为大学生提供真正意义上的高质量的家庭教育。因此,父母在对大学生进行价值观教育时要注意以下两方面:一方面,要时刻注意自身的言行。父母不应仅仅满足于对孩子物质上的给予,更需要的是和他们真诚交流。优质的物质条件容易使人骄傲自满,在对大学生的教育过程中容易表现出一言堂的态度,对大学生起不到很好的价值观教育作用。所以父母要特别重视对大学生的教育态度。另一方面,要对孩子做好表率作用。优质的物质条件更要求父母要树立正确的金钱价值观,避免陷入享乐主义、奢靡之风的不良境地,在道德、学习、事业、婚姻方面更要注意自己的一言一行,给大学生树立一个良好的榜样。

诚然,给大学生提供良好的家庭经济基础是很重要的前提,但是家长也不要忽略了孩子精神世界的富足。作为经济基础一般的父母,虽然无法给予孩子优越的生活条件,但如果能帮助孩子养成受益一生的良好品格和生活习惯,也能培养孩子在生活中积极快乐地成长。

(三)提高父母的教育水平,提升教育能力

现代社会不仅对大学生提出了各种要求,也给父母提出了更高要求。他们已经认识到对子女进行科学教育的重要性,并对此有着非常强烈的要求。与此同时,父母的素质和家庭教育能力也有了很大提升。但是由于部分父母意识观念的落后,教育子女还是采用传统的教育观念,并没有做到与时俱进,在实践中也并没有取得理想的教育效果。因此,父母要提升教育水平,提高教育能力。

一方面,父母要转变以往的经验主义,对子女进行家庭教育的时候要讲究策略,方法得当可以起到事半功倍的作用。父母除了要满足孩子正常的物质需要、精神需要,还要注重自身素质的不断提高,不断检查和修正自身教育孩子的许多不足与缺欠之处,改进家庭教育的方式方法,做到与时俱进。因此,父母要对自己高标准严要求,这样才能以身作则,更好地对青少年进行价值观教育。例如,父母可以积极利用现代网络技术,通过学习网络上的教育方法等不断提升自己的教育水平。

另一方面,政府应该发挥积极作用,提高家长的教育水平。父母虽不像专业教师一样有专业的教育水平,但作为子女的终身教育者,也应该不断学习如何做一个好父母,如何成功地教育子女,如何能够让子女拥有正确的价值观。因此,除了父母自身的努力之外,政府也应积极发挥作用,例如各级教育部门可以通过家长学校对家长进行系统科学有效的培训,定期组织家长进行理论学习,进行教育方法的传授以提高家庭教育质量水平;也可以定期组织活动,在活动中渗透教育观念的传播。通过理论结合实践,更好发挥政府的作用,最大限度地发挥对大学生教育的合力。

二、通过自护教育来调适心理健康问题

(一)防性侵教育

家庭教育在预防性侵害方面扮演着非常重要的角色。防性侵教育是每位家长的必修课。

1.加强亲子之间两性知识的沟通

家长不要谈性色变,要多和孩子交流沟通。特别是母女之间、父子之间要多沟通,营造良好的家庭氛围,特别是当孩子遇到困难、困惑时要多给予关心、关怀和关爱,而不是不耐烦甚至是打骂,这样孩子遇到问题时不敢告诉家长,这对预防性侵害是非常不利的。经常和孩子聊

天,引导孩子把藏在心里的秘密告诉家长。比如,很多性侵案件都是熟人作案,这个时候就要教育孩子,即使是亲戚朋友,如果对孩子意图不轨或有举动,也要及时告诉家长。

2.加强对孩子上网的监管

网络是把双刃剑。借助网络,孩子很容易获得一些不良信息。家长应该加强对孩子上网的监管,与孩子建立家庭内部网络使用规范,协商监督机制。家长在电脑和手机上设置青少年保护模式,拦截不良网站,过滤不良信息,净化上网环境,帮助引导孩子养成良好的使用习惯,守护他们健康成长,守护他们的未来。

(二)防一氧化碳中毒教育

一氧化碳中毒是冬季常见的安全隐患之一,家庭和学生务必要了解取暖、洗浴、用火等方面的安全常识,提高防范意识。每年冬天都是一氧化碳中毒的高发期,同时也是家庭防一氧化碳中毒教育的攻坚期。加大宣传力度,帮助提高家长的警惕性,引导家庭科学合理地安装取暖设施,做好通风等安全防范工作及对防范一氧化碳中毒安全知识的知晓,提醒大家要增强安全防范意识,做好安全防范工作。

三、通过积极心理学来调适心理健康问题

我们把大学生心理健康教育作为日常工作和人才培养的重要环节,近年来积极探究构建基于积极心理学观点的学生心理健康教育模式,培育和开发大学生的积极心理,为学生的健康成长保驾护航。

(一)心理健康教育的现实反思

1.调动学生参与的主动性

我们在工作中发现,学生学习心理的理论知识兴趣不高。一方面,大学生普遍更注重技能的学习,对心理健康知识的学习从心理上不够重视。另一方面,心理健康课采用传统学科式教学模式,重在讲授理论知

识,淡化了对心理健康知识的了解和学习。

但同时我们也注意到,学生对心理漫画、心理情景剧、心理演讲等活动表现出浓厚的兴趣,因为他们在参与中获得了成就感和满足感,从而激发出更大的积极性来学习和掌握心理知识。受此启发,可以在心理健康课程教学中,尊重学生的主体地位和基本需要,有针对性地选择教学内容,注重适需对口,对大一学生主要开展学习心理辅导、环境适应辅导、自我意识教育和人际关系辅导;对大二学生主要开展恋爱心理辅导、人际关系辅导;对大三学生主要开展就业心理辅导、意志品质辅导、情绪调控等,使学习内容与学生生活结合,更好地为其发展所用。

2. 培育学生积极向上的健康心态

随着"00后"成为学生的主要群体,他们具有鲜明的心理特点,如个性张扬,强调自我,有较强的表现欲,喜欢特立独行,对自己热衷的事物非常执着,但因为从小在生活上和经济上对父母比较依赖,成长环境相对单一,承受挫折的能力比较差,意志力薄弱,会轻易放弃目标乃至自暴自弃,习惯以自我为中心,很少考虑别人的感受,容易导致人际沟通困难、寝室关系紧张等。结合学生的这些特点,近年学院采取积极心理健康教育模式,鼓励学生坚持正确的自我信念。

(二)积极心理学视野下的心理健康教育

1. 团队心理辅导,提高学生自我效能

学院通过讲座培训、学生心理社团活动、学生心理热线、团队训练营等多种方式,进一步完善了"全员、全方位"的心理健康教育的工作格局。同时,将心理健康教育工作重心下移,在系级着力,建立管理科学系的"心启点"团体辅导工作坊与艺术设计系的"心艺"音乐辅导工作坊。这两个工作坊通过一系列轻松的对话方式、多元化的音乐行为和游戏形式,为参与个体提供一个多人参与多人互动的过程,使参与其中的每个人释放自身的真实心理状态,帮助学生自我了解,剖析个体的特点和优缺点,全面完整地认识自己,培养学生自尊自信的意识,强化自我效能。

譬如,"相遇之旅"团体成长工作坊活动在活动内容的设计上,由浅到深设置了"电波的速度""同舟共济""别人眼中的你""心路历程""我

的生命线"等团体活动环节,同时,在每个环节尾声加入团体成员分享或心理学知识普及,让团体成员在心灵放松的同时,更好地自我觉察,收获个人成长。

（1）热身

在老师的带领下,同学之间用昵称进行自我介绍。别小看这样简单的热身小环节,它让陌生的我们冲破"心里的围墙",更快融入集体,进入活动状态。

（2）第一环节"电波的速度"

在"电波的速度"游戏中,老师带领大家体会这个游戏的乐趣,所有队员先手拉手站成一圈,这个圆圈代表的是一个"团队""集体"。老师让其中一个同学捏一下同伴的右手,感受一下"电波"的力量。用顺时针、逆时针、闭上眼睛和背向圆心站立的方法传播"电波",老师则记录电波传递一圈的时间。开始时,电波传递的速度越来越快,当使用背向圆心站立的方法时,用时变长,速度变慢,大家的方向感变弱了。当最后电波由"第一人"呈双向传递的时候,有趣的事情发生了,电波差点呈循环式传递,大家忍不住转过身来看个究竟,哄然大笑,不再显得拘谨。

（3）第二环节"同舟共济"

"同舟共济"游戏中,将报纸看作小组落水时唯一的"救生艇",大家想办法让更多的人站到"救生艇"上获救,每个人都必须踩到报纸,看哪组获救的人最多,考验团队的团结合作——如果我们七个人面临落水的危险,我们怎样在最短时间内用最佳的方法营救自己以及队友?当队员都踩到报纸上时,我们举手让裁判计时,我们的船却"覆没了"。第二轮比赛中,报纸对折,面积减少一半,难度增大,队员们斗智斗勇,有人背起队友。在这艘狭小的"小船"上,我们脸都被挤歪了,最后大家顺利"登船"在一片欢声笑语中游戏结束。

（4）第三环节"别人眼中的你"

最后一个游戏是"别人眼中的你"。每人一张白纸,在纸上面写下自己的名字和觉得自己是个怎样的人。同学们都在悄悄议论:"呀,我到底怎样描述自己啊?""安静?""神经质?"突然觉得对自己既陌生又熟悉。我们相互帮助,用大头针把纸固定到各自的后背,接着让同学们在背上留言。起初,同学们自然分成两派,"管理派"与"艺术派",当有一位同学主动为另一派写评价时,大家再也不"拉帮结派"了。随后的分享环节中,大家摘下纸张,认真聆听。一位女生主动描述自己时,引起大家开怀大笑。最后,尔诺老师为大家介绍了"约哈里窗"理论,引导我们更好地认识自己。确实,游戏后,我们认识到了更深层的自己。

再如,"乐动青春"音乐辅导项目运用音乐心理辅导技术,强调音乐对情绪的心理影响,倡导利用音乐调节情绪的生理、心理机制,从而促进个体的心理发展。音乐是从心灵通向心灵的语言,用心灵唱歌,才可以谱写出优美的旋律。结合当代大学生喜欢听音乐,并且把听音乐作为业余生活不可或缺的一部分这一特点,我们的音乐辅导工作坊特别精选适合团体活动的乐曲,融入了表达性艺术,设计了多个操作简单,互动与趣味并全的游戏环节,如"自选乐器伴奏""与君共舞""音乐心里画"等,即使学生没有任何音乐基础,也可轻松参与其中。

参与活动的学生在培训后留下了真挚的感言:"'遇'真的是很美,生命也真的是一场最美丽的遇见,起初进入心理工作坊,也许是因为责任,也许是因为不想自己闲下来而去寻找一份归属感。但此刻,不再因为别的,只是因为心理工作坊。在这里,我遇到了许多小精灵,他们真挚、热情,我们在指导老师的带领下,一起体验活动中各种精彩的瞬间。大家也彼此敞开了自己的心扉,积极地参与到了集体的活动中。每个活动结束后的分享环节,大家进行了心与心的交流,也各自分享了自己的体会,我也很感谢大家能聆听我的感受。在一些涉及身体接触的游戏中,大家开始多少有些顾虑,到之后慢慢地一点点融入这个大家庭中才发现,其实这些问题并不大,关键是看你能否敞开心扉接受他人。总之,在心理工作坊活动中,我学会了认识自己,了解他人。在生活中,我希望自己也能像在活动中一样敞开心扉对待每一件事。'遇'确实很美,感谢生命中遇见你们。"

2. 体验式教学,引导学生积极归因

体验教学分两个阶段进行:

第一阶段各系自行从"感恩父母"的角度出发,首先,要求每一位同学或给父母打个温馨的电话,或给父母发一条感恩的短信,或寄送给父母一份贴心的小礼物并附上感恩的信件,或把自己想说的话录制成视频发送给父母,等等,以此来表达自己对父母养育之恩的感激之情。与此同时,各班级需安排此次活动的视频采集任务,然后,由心理委员组织在班内开展团体分享活动,就以上的活动谈谈自己的感受和启发,通过同学们之间的互动交流、彼此的心灵碰撞,引导激发同学们的爱心和责任心、沟通师生和亲子和谐关系。

第二阶段各系以"学生成长，我们齐努力"为主题，邀请学生家长走进校园，引领家长参观学院的校园、餐厅、宿舍、教室、图书馆、实训中心等地方，观看学生学习和实操表演，并组织召开家长座谈会，共同探讨如何更好地帮助同学们健康成长，力求帮助同学们在大学阶段保持理性和健康的心态，引导家长积极主动地关爱子女的身心健康，并鼓励家长能在细微处多多观察孩子的内心变化，尽可能地和老师多沟通，多了解，保持和谐的亲子关系。在这个基础上，我们进一步引导学生和家长共同感恩我们国家、社会和人民对高等教育所做出的贡献，认识到自己绝不能辜负国家和社会对我们的期望。

为组织好心理体验课，各系安排辅导员老师对本系心理体验课程进行全程指导，先培训各班级心理委员，再选择一个优秀班级让心理委员集体现场观摩，然后由各班班长、心理委员具体组织开展。课程结束后，要求各班级及时做好总结工作(包括文字、图片、流程、心得体会等)，并将其作为评比表彰的重要依据。

实践表明，心理体验课合理运用积极心理学理论，给学生及时有效的指导，是提升学生自我幸福感，增强班级凝聚力的好办法。

心理体验课的开展，也能够挖掘学生的聪明才智，提升应对能力。在"元芳，你怎么看？"心理体验课中，通过微视频访谈、班会、板报等各种形式，针对目前大学校园存在的如校园贷、盗窃、出走、自杀、抑郁以及恶性伤害等造成一定影响的不良事件，引导同学发表自己的看法并提出自己的合理建议，很多同学能够主动做出正向积极的思考。

如对抑郁心理的看法：

对于抑郁的同学我们要有耐心，包容他们，不可小事放大地指责他们，不要给他们施加压力，要多鼓励他们，帮助他们走出抑郁。

大学生抑郁症的诱发因素主要是环境变化。一是整个社会环境的网络化、虚拟化对其造成影响；二是学校环境的改变带来各方面的不适应。另外，压力也是大学生焦虑或抑郁的主要来源。在校大学生面临考试、就业、恋爱等种种压力，加之他们比较敏感，受挫力又相对弱，抑郁情绪易堆积形成抑郁症。

再如，对入室盗窃的防范：

在宿舍，人离开的时候要检查好宿舍门窗是否锁好，贵重物品随身携带或在宿舍锁好。睡觉时把门锁好，可以做一些措施，例如在保证安全的情况下,阳台的边上可以放一些玻璃瓶之类的,当小偷爬进来时,一片漆黑的环境中,从阳台跳进时,撞倒玻璃瓶,玻璃瓶摔在地上发出声音,我们就会被吵醒,就要马上采取相应措施,这样小偷要么逃走要么会被抓。

从这些发言中可以看出,学生不仅能够分析出发生这些问题的原因,还能将心理知识和现实问题相结合,通过思考给出合理化的建议,这从另一个侧面给我们以启示,积极的正强化能挖掘学生更多的积极潜能。

3. 开展韧性教育,增强学生抗挫能力

针对部分女生抗挫能力较差的弱点,专门召开"争做优秀女生,开启美丽人生"女生心理健康座谈会,通报女生因为失恋、成绩差等问题发生的事件,并由心理健康教育与咨询中心的老师与各班女生代表面对面交流,解答女生们的困惑。座谈会上女生代表提问积极踊跃,就学习、人际、情感、心态等方面的问题提问。"宿舍三人性格外向,一个性格内向,我们该如何带动她融入集体?""自己在对外交往上表现得很积极活泼,实际内心觉得孤独,怎么办?""大一新生觉得很迷惘,不知道未来的路该怎么走?""身边的朋友遇到困难向她求助,该如何帮助她?"心理咨询中心的老师从专业的角度一一耐心解答,并建议同学们在出现阶段性心理困惑的时候前往心理咨询中心寻求专业咨询师的帮助。

4. 点燃希望之光,指导学生制定合理目标

做好心理问题学生的干预工作,对重点关注的对象有针对性地开展心理辅导和训练,在他们成功时给予鼓舞,在他们痛苦时给予抚慰,在辅导员的热情关心及心理健康咨询中心的长期咨询陪伴下,不少学生慢慢重拾对学习、人际交往和未来发展的信心。

四、大学生心理健康问题调适的其他策略

重视家庭教育、父母以身作则、养成良好家风是家庭教育中提升孩子社会交往能力的重要前提。

（一）孩子是父母的映照

家庭教育，根在父母。俗话说，家有其父，必有其子。父母自身的性格特点和交往能力对孩子的社会交往有重要的影响。父母的性格会潜移默化地影响子女的性格，继而在社会交往中体现出来。通过耳濡目染，孩子会通过观察和模仿习得父母的知识和技能，父母的一言一行都被孩子看在眼里、记在心上。所以，家庭要重视孩子社会交往的发展，提高孩子的社会交往能力，最好的教育方法是言传身教。父母要以身作则，注意与家庭成员之间和家庭以外人员的交往方式。夫妻和睦，尊敬长辈，父母用实际行动为孩子作出表率，孩子也会有样学样。反之，父母性格内向，不善言辞，不喜交往，或者父母社交能力较差，孩子则大概率会出现性格内向、不善于沟通和交往的情况。父母要合理引导，要鼓励孩子积极主动、大胆、诚实、友善地开展交流交往，并积极培养孩子的各种社会技能，帮助他们树立正确的交友关系，帮助孩子学会解决与同伴交往中的矛盾。

提高孩子的社会交往能力，是学校教育的重要内容。同时，在家校社合作的背景下，父母也应该是学校家庭教育指导的重要对象。加强对父母的教育指导，培养更多合格的好父母，是提升家校合作水平，促进学生健康成长和发展的重要途径。学校可以通过举办各种活动为父母提供专门的家庭教育指导，提高父母的社会交往能力。家庭多参加各种社会活动，让学生在多样的活动中增强社会交往意识，学会合作，锻炼沟通、交往能力。家庭也可以组织各种社交活动，为学生的社会交往搭建平台，如家庭聚会、朋友聚餐、集体出游、运动等，能起到相当不错的效果。

（二）家庭是教育的根基

家庭是孩子的第一生活场所，家庭完整、父母关系和谐可以为子女创造一个温暖的生活环境，也能在一定程度上提高家庭教育的效果。在温馨和谐的家庭环境中成长的孩子会获得更多的安全感，从而使人更自信更有底气，在社会交往时也会表现得更自主、自信。著名教育家李查·伊凡斯说过：孩子不会因为你供应的物质而记得你，他们会因你珍爱他的感觉将你牢记。因此，家庭必须营造和谐的家庭氛围和父母关系,为孩子创设爱和快乐成长的安全环境。

在生长教育开展方面,不仅局限于学校层面,在家庭教育中也极为重要,对于每一个人来说,家庭都是第一个教育场所,而父母是最好的老师,这是亘古不变的真理。家庭相比于学校而言,这是每个人一生中非常重要的组成部分,而结合生长教育的核心理念来看,在终身学习与发展的过程中,家庭教育会造成不同程度的影响,是每一个人能否实现健康成长的关键,也是能否成为推动国家发展及社会建设有用人才的要素。

父母对子女影响是巨大的,特别是对未成年子女的生涯规划和发展往往起着决定性作用。每一个孩子的出生都带着家庭的烙印,父母的言行、兴趣、爱好、习惯、职业都深刻地影响着孩子的一生,因此,生涯规划教育应当成为家庭教育的重要内容。

尽管多数家长缺乏专业教育知识与能力,也缺乏对各种职业的了解,但是家长是陪伴孩子时间最长的成人,对孩子了解相对较深,仍然可以从很多方面对孩子进行生涯教育。

生涯规划教育要从小抓起。我们经常问孩子,你的梦想是什么。梦想就是孩子最天真懵懂的生涯目标,或许,孩子的梦想还很模糊,经常改变,但是,家长有意识地用生涯规划进行引导,可以让孩子在心底埋下梦想的种子,有了梦想就有了前进的动力,成功的方向。

将梦想具体化为生涯目标。父母在帮助孩子树立自我追梦意识的基础上,要引导孩子将实现梦想分解成几个小目标,设计自我,规划人生。大部分父母的生涯认知和教育水平有限,因此,家长要通过家长学校、班级家委会、生涯教育专家的讲座等,不断提升自身对生涯教育的认知;积极参加班级主题教育,见证孩子的努力和生涯成长;在与孩子的交流中,渗透生涯发展理念,潜移默化地影响孩子。

家校合作,相互交流,彼此支持,成为孩子生涯发展的合作伙伴。例如,某中学联合家委会设立了"生涯讲堂",定期邀请家长、优秀校友作为"生涯讲堂"的导师,介绍自己的生涯发展历程,开阔学生们的视野,促进学生对各种职业的认知,建立家长职业资源库,提供学生职业实践的机会。

家庭教育,即家教,可以划分为直接家庭教育和间接家庭教育,直接的家庭教育是通过长辈的情感交流、思维引导等显性教育方式,将世界观、人生观、价值观灌输到家庭成员的思想中;间接的家庭教育是指家庭环境、文化氛围、家庭理念等无形因素对家庭成员间的相互影响。

家长是孩子的第一任教师,父母长辈的言传身教、为人处世决定了其对子女礼仪法治教育的效果。骄纵溺爱、简单粗暴的家教氛围,往往会导致孩子"以自我为中心";正确、理性的家教方式,才能给孩子提供良好全面的礼仪法制教育。

注重优良家风建设。广大家长必须要有清醒认识,树立科学正确的家庭教育观,加强优良家风建设,以正确的方式方法有效开展家庭教育,才能帮助孩子扣好人生的第一粒扣子。在新时代,家风建设既要继承和弘扬中华民族优秀传统家风文化,又要与社会主义核心价值观紧密结合起来,将传统文化中的修身齐家、忠诚爱国、勤俭持家、尊老爱幼、诚实守信、和睦友爱、奉公清廉和社会主义核心价值观中的自由平等、公正法治、权利义务、文明健康等融入家庭成员的日常生活中,引导孩子树立正确的礼仪道德和法治观念,潜移默化地塑造和完善个体的道德人格。

加强礼仪法治学习。"家家有本难念的经",每个家庭都存在着不同程度的困境和难题,如家庭老年人赡养矛盾纠纷、家庭暴力、财产纠纷、虐待或遗弃大学生、青少年违法犯罪、夫妻离婚纠葛等问题,这些难题的产生不仅是因为家庭伦理道德的滑落,更是因为家庭成员法治观念、法律意识的淡薄。新时代的家长要与时俱进,学好《中华人民共和国民法典》,了解婚姻法、老年人权益保障法、未成年人权益保护法等,用法律的武器保障个人和家庭的权益,营造崇尚法治、和谐文明的良好家庭氛围。

(三)言传身教树家风,热心公益树榜样

"岳母刺字"的故事千百年来家喻户晓,虽然缺乏史料的有效支撑,但是不妨碍它成为我们传统文化中宝贵的一部分。在家国危机的关头,激励儿子保家卫国,这正是千百年来中国人家国情怀在文化传承中重要的精神基因。

孟子说:"穷则独善其身,达则兼济天下。"孟子能够说出这样伟大的话,跟我们熟知的"孟母三迁"故事中的孟母有很大的关系。正是孟母的教导,家风的熏陶,才让孟子有如此伟大的仁爱之心,才让他的主张和圣人孔子的学说一起被奉为"孔孟之道",成为影响世界的儒家思想的源头,他本人也被尊称为"亚圣"。

家风不仅关系着孩子的社会交往能力培养,也关系着孩子的利他能力的养成。一个家庭,夫妻之间相敬如宾、孝敬老人、邻里和睦、事业有成、热心公益,那么他的孩子也会被影响和感染。

(四)爱心传递送温暖,回馈社会爱无疆

努力奉献的人是幸福的!家长应该教育孩子进一步提升自己的思想境界,使自己逐步形成奉献社会的意识,最简单的做法就是将身边的爱心接力传递下去,让爱永远流传,爱心永不熄灭。

正所谓"赠人玫瑰,手有余香"。爱,不但可以通过家风传承,还可以在不同的人手上接力传递。当我们接受了别人的爱心,我们最好的感恩就是将其再接力传递下去,传到我们身边需要的每个人。爱心不在大小,举手之劳就是爱。

五、大学生德育教育中渗透心理健康教育的策略

(一)改进心理教育方法,提高德育的实效性

心理教育方法的好坏直接影响心理教育教学的效果,也对高校德育工作开展产生负面的影响。因此,改进心理教育方法,通过多角度的方式开展心理教育,这有助于提高德育实效性。大学生在生活中,难免会产生较多的困惑,也因此心理中就存在较多的疑虑。如果存在心理问题就要及时地寻求心理医生的帮助,这是大学生中很正常的事。所以,对于大学生应该积极地进行心理健康教育或开设专门的课程帮助大学生提高思想素质。高校中开设的有关心理教育课程以遵循高校德育目标,有效地使得大学生的各种困惑问题得到解决。在高校中开展心理教育课程和心理咨询,有助于学生形成科学严谨的教育格局,更能切实地解决学生自身存在的许多问题。在开展高校德育的过程中,心理教育在促进高校德育发展中发挥着重要的作用。

心理咨询在高校德育中以一个新生事物出现,但是他的影响却非常

好,许多高校也因此纷纷设置了心理咨询机构。虽然每所高校设置的心理咨询机构规模大小各异,在具体的实行过程中的反响也不尽相同,但是每个机构的设置都是一步步逐渐发展而来的。在高校成立心理咨询机构,可以让大学生及时有效地解决自己的诸多心理问题,也有利于大学生的良好成长发展。即便如此,心理咨询还是未能发挥出其潜在的功能作用。主要原因是心理咨询没有得到广大学生的认识了解,少部分学生会在遇到心理郁结的事时进行心理咨询,而且乐意接受心理咨询专职人员的开导。但是大部分学生却认为那些咨询心理医生的学生心理是存在问题的,不正常的,更甚至认为其存在严重的心理疾病才会去心理咨询。大学生对心理咨询存在这样偏差的认识,以至于无法顺利开展心理咨询,心理咨询的实效性也无法实现。所以在开展高校德育工作过程中,不但需要设置咨询机构,更为重要的是进行心理咨询宣传,让学生清醒地认识到心理咨询并非自己所想的那样。当学生遇到问题,需要进行心理咨询的时候,应该有针对性地为每个大学生提供有效的帮助,这样也有助于提高心理咨询的实效性。除此之外,运用广播、校报、学校网络等宣传途径,让大学生对心理咨询有个充分的认识,以此在心理教育中提高高校德育实效性。

(二)开设心理指导课,拓宽高校德育教学领域

在进行高效德育教育的过程中融入有关的心理学教育,这并不仅仅是改进教育方法来提高高校德育的成效性,也不是单一的在高校设置心理咨询机构。除此之外,在高校开设心理指导课程,以此对学生的心理加强教育。心理指导课程,它与普通的心理课程不尽相同,它是具有针对性地对大学生中存在的心理问题给予及时的分析指导,进而解决大学生的心理问题,以此提升大学生心理健康。开设心理指导课程,它可以帮助大学生健全人格品质,也有助于提高大学生心理健康水平。相对于普通心理学课程而言,心理指导课具有针对性地来切实解决大学生中存在的心理问题,其目标明确,也具有理论知识指导。这有助于培养大学生良好的心理健康,它对大学生中所出现的心理问题加以分析疏导,进而健全了大学生的人格。开设心理指导课程使得高校德育教学领域进一步扩展,也对高校德育的深化具有重要意义。

（三）开展心理普查，增强德育工作的针对性

开展心理普查在心理教育中占据着重要的位置。不管是以什么样的方式进行心理普查，都必须具备科学性，这种科学普查方法对心理教育的顺利开展起到积极的作用。开展心理普查，可以帮助大学生全面地认识自我，也能使老师了解到学生的具体情况，从而也就使德育工作具有针对性。心理普查是心理教育中的一种综合评估法。它主要通过问卷调查来了解学生的心理状况，以此做出综合评估。在进行大学生心理普查时，应对问卷调查的内容一一进行回答，以此提升问卷调查的可信度。

大学生回答问题的过程，也是对自身进行全面认识的一个过程。所以心理普查有助于大学生正确地认识自身，进而提高大学生的心理健康。开展心理普查帮助普查对象正确认识自身，也帮助教师对每一个学生的具体情况有深入的了解。经过广泛的开展心理调查，让那些心理出现问题的大学生可以及时有效地得到帮助，也提高了德育工作的针对性。可以对心理普查结果进行更深层次的研究，探究其存在的潜在规律等。就一般情况而言，很多高校都会针对新生开展心理调查，在有必要的情况下，还会选择建立档案，为了具有针对性地开展工作。需要尤为关注的是，开展心理普查活动需要专业性很强的人参与，参与者对心理知识要有较好的掌握，足够重视每位学生的普查结果，要持以科学严谨的态度进行这项心理调查活动。

第六章

新时代高校立德树人之主导：以德正人

随着科技经济的不断发展，人们的思想观念、工作方法也发生了改变，甚至很多教学风格也对传统教学法做了颠覆性的改变，而改变的目的是为了更好地培养学生。当前，新时代高校立德树人工作需要实现以德正人，这样才能培养出德才兼备的时代新人。

第一节　教师职业及其发展理论解析

一、教师职业以及教师职业专业化

（一）教师职业的劳动特点

1. 复杂性

教师的劳动非常复杂,这是由教育过程、教学对象这些复杂的因素所决定的。教学过程中又包含教学内容、教学方法等要素。因此说教师劳动的复杂性是由各个教学因素所决定的。

第一,教师面向人(学生)开展工作,人是复杂的生物,有思想、有个性、有感情、有主见,不同学生表现出不同的一面,多样化的教学对象增加了教师劳动的复杂性。

第二,在教育活动中,教师可采取多种多样的方式与途径来积极教育和影响学生,这些教育方式本身就是复杂的,从而使得教师的劳动也是复杂多变的。

第三,教学内容本身所具有的专业性对教师教学的技巧与能力提出了较高的要求,也增加了教师劳动的难度。

2. 繁重性

现代社会发展对教师职业提出了非常高的要求,教师因而面临着艰巨的教学任务,从而决定了教师劳动的繁重性。现代教育改革要求教师要培养德、智、体、美、劳等多方面素质全面与协调发展的人才,教师既要向学生传授课本知识,培养学生的文化知识素养,又要培养学生的思想品德,关注学生的健康;既要在课堂上传授知识与技能,又要在课余时间组织课外活动并带领学生参与;既要对学生的校园学习与生活给予全方位指导，又要对学生的校外生活与交往予以关心和引导。可见教师的任务多么艰巨，教师必须付出大量的时间、精力和心血才能完成好这些任务。

3. 高度责任性

教师劳动具有高度责任性，表现在如下几个方面。

第一，教育事业是面向未来的宏伟的创造性事业，国家的可持续发展直接受教育水平与质量的影响，因此政府和人民都对伟大的教育工作者寄予了厚望。

第二，教师从事育人工作，肩负培养优秀人才的重任，教师劳动的质量与学生的前途息息相关，所以学生与广大家长对教书育人的从业者有很高的期望。

教师身上背负的重任和使命使教师产生了高度的责任感，当然也增加了教师的心理负担。

4. 长期性和连续性

人的身心发展规律与特点以及教育的规律性决定了教师劳动的长期性和连续性，下面具体展开分析。

第一，人的成长是伴随人一生的，人不可能短期内就实现各方面的成长与发展，这是由人的身心发展特点所决定的。不管是掌握知识，树立观念，还是培养习惯，都需要长期的努力和反复的实践。因此教师的劳动是长期的，教师要在长期的教学生涯中对学生的综合素质进行培养。教师的劳动必须是持之以恒的，只要在岗一日，就不能间断，不能松懈，更不能脱离工作。教师要有长期的教学计划和方案，要按照计划有序开展教学工作。

第二，我们在长期的教育教学实践中总结出了重要的教育规律与教育原则，其中典型的"循序渐进"教学规律与原则充分反映了教师劳动的长期性与连续性。

5. 感染性和示范性

教师在工作中要将自己的各种特性发挥出来，将此作为手段去影响学生，感染学生，从而使学生的身心、智力等发生积极的变化。这是教师劳动与其他劳动不同的地方。从教师劳动的这一特殊性来看，教师既是劳动者,也是劳动手段。教师应该是有知识、有技能的劳动者,否则其不可能利用自身特性这个手段去影响学生,使学生发生预期的变化。集劳动实施者及劳动手段于一体的教师对教学质量和效果有决定性影响,因此教师必须提升自己的专业业务能力和各方面的综合能力,充分发挥自己的"工具"价值,取得良好的育人效果。

教师劳动具有示范性,教师培养学生的思想品德,向学生传授知识和技能,首先自己要有良好的道德品质,要掌握丰富的知识和熟练的技能,这样才能给学生做出很好的示范。思想品德、知识、技能不仅是对学生的要求,也是对教师的要求,是教师应该具备的特质。青少年学生善于观察和模仿,会受到教师世界观、行为方式、言谈举止等各方面的潜在影响。所以教师要给学生树立一个良好的榜样,要给学生做出正确的示范,要用具有感染力的教学去积极影响学生。

6. 创造性

教师的劳动同样具有创造性。苏联著名教育家马卡连柯说过:"教育学是最辩证的、最灵活的一种科学,也是最复杂、最多样化的一种科学。"[1] 教师劳动的创造性表现在如下几个方面。

第一,教师在教书育人的过程中不停探索学生的内心世界,总结学生的成长成才规律,并根据学生的个体差异而因材施教,创造适合不同学生的教育方法,促进全体学生的进步与发展。

第二,学生的成长成才及全面健康发展受到校内外、主客体等多方面因素的影响,教师在教育工作中要善于将积极的影响因素利用起来去培养学生,同时也要巧妙化解与消除不利因素的弊端。教师对各种影响因素的运用讲究"巧"和"新",不能用一套固定方式去不加选择地利用所有因素,而要在综合判断、准确预测的基础上对各要素进行巧妙利用,并不断创造新颖的教育环境来积极影响学生,这对教师的劳动创造能力是一个很大的考验。

(二)教师职业专业化的意义

教师职业专业化的社会现实意义如下所述。

---

① 赵顺来,车锦华.教师学 [M].北京:中国科学文化出版社,2003:48.

1. 提高教师的专业知识与专业技能

在当代社会中,由于高等教育课程和教育教学知识的大幅度扩充,在教育教学改革的过程中,教师不但要对社会和时代的变迁做出相应的调整,同时也要面对因知识的迅速增长而带来的一系列问题。在这种情况下,教师就必须不断地充实自己的专业知识,提高自身的专业能力。

总而言之,教师必须对与日俱增的专业知识进行必要的了解和应用,以确保教育教学工作的顺利进行以及高等教育的高质量发展。

2. 满足教师自我革新的需求

在当前阶段下,教师就职以前一般都会进行一定的职前培训。但是,由于知识的日新月异,社会的急剧变化,科技的迅速发展,社会对高校青年教师的角色有了更多更新的期待和要求。因此,职前教育难以满足高校青年教师所有的工作需要,教师必须不断地进步,提高自身的专业发展水平,才能更好地适应社会对其提出的各项新要求。

总的来说,当代教师已经从知识的"传授者"转变为知识的"开发者""研究者",教师专业发展正可以满足教师职业生涯发展的客观需求。

3. 提升教师的教育品质

我国要发展高质量的高等教育事业,就必须要实现教师专业发展,这是发展优质高等教育的一条重要途径。教师通过自身的专业发展,可以提高专业能力,进而实现教师专业化。

(三)教师职业专业化发展的内容

1. 教师的专业道德发展内容

教师专业道德包含着对教师各项标准的要求,是教师各种素质的综合表现,是教师专业发展的内在要求。相对于教师的职业道德来说,教师的专业道德更强调专业性与主体性。

(1)专业精神

教师在教育教学活动中的价值取向和追求即为其专业精神。教师的专业精神直接影响着自身的行为及其结果。为此,它要求教师具备高度的教育责任感,将教育作为自己神圣的职责;精益求精的工作态度;甘为人梯的服务精神;清晰有效的反思意识,不断实现自我超越;坚定不移的专业信念。

(2)道德品质

这主要包括以下几个方面:第一,爱岗敬业,奉献社会;第二,热爱学生,教书育人;第三,求知创新,严谨治学;第四,团结协作,关心集体;第五,以身作则,为人师表。

(3)专业自律

教师要表现出一定的"角色敬畏"。教师的角色意味着其所承担的道德责任和义务,而通过"角色敬畏",使教师在教育教学活动中"有所为有所不为",体现道德责任感和道德使命感。教师的专业自律还要求其体现一定的"教育良心",使高校教师对自己的教育教学行为进行自主控制与调节。

2. 教师专业知识发展的内容

教师应该不断积累自身的实践性知识;重视教育经验反思;培养教育情境敏感性;倡导教育叙事研究;关切教育情感体验。只有这样,教师才能全身心地投入到教育教学中,不断实现自身的发展和提高。

3. 教师专业能力发展的内容

教师要不断提高自己的专业教学能力和专业实践能力,实现以下几方面的发展。

第一,具备敏锐细致的观察力。通过观察更好地把握学生的心态。对学生做出更加客观的判断,从而能够进行有针对性的教学。

第二,准确清晰的记忆力。不仅对有关教育教学的知识有良好的记忆,对全班学生的各种情况也要有准确的记忆。

第三,具备多方位立体思维能力。对事物能够进行客观的分析、综合、抽象和概括,提高自身思维的独立性、广阔性、准确性和创造性等,以全方位、多层次、多渠道地对学生进行教育。

第四,具有较强的组织管理能力。以全面组织管理教育班级学生的任务,具备民主、高效、开放的工作作风,促进学生特长和个性的发展,培养学生的主体性意识。

第五,具备一定的语言表达能力。教师只有具备良好的语言表达能力,讲究说话的逻辑性、规范性和情感性等,才能在对学生进行思想品德教育和行为教育等的时候增强感染力与影响力。

第六,具备一定的自我调控能力,使自身保持良好的情绪心理状态,用理智支配自己的情感,做到语言、行为合情理、有分寸。

第七,具备灵活应变的教育机制,教师在教育过程中遇到突如其来的偶发情况,要能够正确、迅速、敏捷地进行判断和恰当处理,从而取得良好的教育效果。

第八,具备较强的创造能力,教师在借鉴前人先进经验的基础上,大胆进行工作方法改进,从中发现新的规律、新的观点和具有创造性的教育教学方法。

4.教师专业心理发展的内容

高校青年教师要促进自身以下几方面专业心理的发展。

第一,发展自身的专业心理素质,包括良好的职业道德心理素质、教学心理素质、辅导心理素质。

第二,发展自身的人格心理素质,包括端正自身的需要与动机,培养良好的性格,提高自我调控能力等。

第三,发展自身的文化心理素质,要善于运用一定的方法和策略学习新知识和新技能,通过学习提高自身的实践创新能力。教师还要努力提高自身的文化素质,完善自身的个性和人格心理品质。

第四,发展自身的社会心理素质,认识到自身角色的多样性,学习掌握各种社会角色期待和角色情境判断,提高扮演多重角色的社会心理素质;建立良好的人际关系,具备良好的交往心理素质;提高自身在教育教学活动中的计划、决策、组织、指挥、监督、调控等方面的素质与能力。

5.教师专业人格发展的内容

一个人的人格能够很客观地反映出其整体心理面貌。教师的人格形象能够体现出教师在教育教学活动中的整体心理面貌和心理特征。具体来说,教师的专业人格包括教师对学生的态度以及教师自身的气质、兴趣等方面。教师要实现其自身的专业发展,就应该形成教师的专业人格,为专业的发展奠定良好的心理基础。

19世纪的俄国教育家乌申斯基认为,在教育事业中,教学工作应该以教师的人格为根据,任何规章制度、任何机构设施,无论其设计和安排如何完善,都不可能代替教师人格形象。只有通过教师的专业人格才能获得教育的力量源泉。

苏联著名教育家苏霍姆林斯基认为,从本质上来说,教育教学过程就是师生之间在心智和情感方面的沟通和交流过程。教育是人与人心灵上最微妙的相互接触,学生会因为教师的人格形象来对教师进行判断。

教师在长期的教育实践中,通过对教育、对学生、对自我的深切感悟理解,对职业道德和教育理想自觉追求的内化,可以使自身的教师专业人格逐步达到成熟。

6. 教师专业思想发展的内容

教师在教育教学工作中,要做到以专业思想作为行动的世界观与方法论。教师的专业思想为其专业发展提供了理性支点和精神内核,对教师成长为一个教育教学专业工作者有着重要的影响。

客观来说,教育专业思想是动态发展的,是不断演变的。因此,每一位教师都必须不断地总结教育教学实践,以此形成符合自身发展特点的、体现个人风格的教育专业理念、专业思想。在不断发展变化的现代社会中,教师应该树立终身学习的观念,促进自身专业思想与时代的发展要求相接轨。

(四)教师职业专业化发展的途径

要实现高校的不断发展,需要不断促进教师专业的发展。在这一过程中,要将理论研究与相关科学实验以及教师的先进经验有机结合,开辟多样化的教师专业发展途径。在此,我们将围绕教师专业发展的途径展开论述。

1. 实施以人为本的教师管理

(1)加强教师的自我管理

教师不仅仅是被管理者,在学校管理中处于被动局面,还应该成为管理的主体参与管理,实施自我管理,践行"以人为本"。为此,高校青年教师要加强与管理者之间的沟通与理解,不断拓展双方交往、沟通的渠道。通过双方的亲密合作,弥补各自的不足,使双方学会换位思考,取得管理的最佳效果,促进各自的发展。

另外,教师要以促进自我发展为目标,不断进行自我控制。教师要认识到自身的能力水平、权利和义务,严格要求自己,在教育教学工作实践中不断克服困难、解决问题,促进自身专业的不断发展。

（2）转变落后的管理方法

高校的管理者,要不断提高自己的素质和人格魅力,处理好高校内部的人际关系。管理者要学会换位思考,不仅要考虑学校的发展任务和发展方向,还要考虑教师接受学校任务时的心态、压力等。管理者通过换位思考,避免简单粗暴地对教师进行管理,满足教师的某些需要,从而使教师能够积极主动地去完成各项教育任务,实现自身专业的发展。

同时,管理者要与教师形成互相尊重与信任的关系,以调动教师的积极性,营造一个相互尊重、信任的管理氛围。教师在工作中非常关心自己所发挥的价值,为此高校管理者要充分考虑每一位教师的成就需要,提供有利于教师展露自己的机会和平台;大胆培养、提拔青年教师;改善教师的工作条件;通过科学有效的管理,针对教师的个性特征和独特的心理特点、知识结构,使每位教师都能得到充分发展。

（3）建立科学的教师管理规章制度

在制定高校教师管理的规章制度时,要积极鼓励教师的参与,在执行这些规章制度的时候,要充分考虑到教师的特殊性。这样可以提高教师工作或科研的积极主动性和激发其创造性。

2. 实施校本教师培训

（1）强调教师自主学习

教师专业发展实质上是其进行自我定向、自主学习、自主发展的动态过程。因此,要实现教师自身专业的发展,需要促进其形成实现自身专业发展的自觉意识。在进行校本培训的时候,要尊重教师的自主性理念,促进教师自主发展,并为教师的自主发展提供有利的资源、条件和引导。

（2）加强教师间的互助合作

在校本培训中,改变了传统培训中培训者高高在上、受训者被动接受培训的局面。校本培训建立在对校内培训资源的充分利用的基础上,而且每位教师都有自身独特而又宝贵的教学经验。为此,通过搭建教师间合作互助的平台,促进教师间交流、分享教育教学经验,整合和重建各自的经验背景,促进自身专业的发展。

（3）重视同行专家的指引作用

虽然校本教师培训的核心理念在于倡导自主学习、推动合作互助。但是专家的支持和引导,也具有重要作用。为此,要大力倡导以老带新的"导师制",对新教师实行"一帮一"的指导活动,从而极大地促进教师专业发展。重视专家的引领作用,还应该重视发挥专家的"教学督导"作用,对上起到"参谋""反馈"的作用,对下进行"监督""指导"。

（4）注重组织制度保障机制建设

高校应该积极建立"教学发展中心",对教育资源进行整合,为教师提供教学支持,提升教师的教学质量,推动校本教师培训的开展;将有关教育教学、教师培训的标准、要求等规范化、制度化,对教师专业自我发展进行严格管理等,实现其专业成长。

3. 实施发展性教师评价

（1）体现教师评价的学术标准

要实现这一要求,应该做到以下几点:第一,学校应该着力构建具有学术性发展性的教师评价制度。建立发展性评价制度,将发展性教师评价纳入制度建设的轨道。重视评价过程的民主化,强调学术自由,避免过多的约束;第二,建立科学有效的奖惩评价机制。发展性教师评价与奖惩性教师评价应该相互结合,更好地促进教师专业发展;第三,构建职责分明的三级评价体系。

（2）建立适应性教师评价指标体系

教育教学活动的复杂性和评价参与者的复杂性,决定了教师评价标准指标体系的多层次、多维度和灵活性。为此,在对教师进行发展性评价时,重视评价者与被评价者之间的对话,在协商的基础上达成一定的共识,重视评价指标的构建性意义,从而使评价的结果更具有客观性,使被评价者获得正确的反馈信息,实现自身的不断改进和完善。

（3）提供必要的评价物质基础

高校发展性教师评价的组织机构、规章制度、人才队伍、评价标准等的制定和实施,需要投入一定的时间和人力、物力,并且工作具有长期性。为保证评价工作的顺利进行,需要在教育教学经费划拨中纳入这一内容。

4.实施教育行动研究

教师专业自主发展最重要的一条途径在于"使教师成为研究者"，开展教育行动研究，无疑能够大大提高教师的理论述评和实践能力，提高教师的科研能力。在开展相关的教育行动研究中，应该注意以下几个方面。

（1）健全行动研究的外部机制

建立良好的高校管理制度和评价制度等外部机制，能够有效调动教师进行教育行动研究的积极性和主动性。为此，学校要认同、尊重和理解教师的专业地位和主体地位，给予教师一定的自主权，使教师真正成为高校的主人。另外，还应该为教师提供理想的职业环境，发挥教师自身的专业潜能和创新能力。高校激励教师开展教育行动研究，要重视为教师提供制度保障。

（2）提供相关的研究资源

教师在通过教育行动研究进行学习、促进自身专业发展的过程中，必然会受到一系列主客观因素的限制。此时，需要加强科学管理，发挥自身在人力、物力、财力、时间、空间和信息等方面的作用，以不断培养高素质的研究型教师队伍。学校要为教师创造实现其知识更新的有效途径和有利平台，使教师能够在一个宽松、民主的研究氛围中，围绕着日常教育教学问题进行教育行动研究，不断实现自身专业的发展。

二、教师专业发展的相关理论

（一）教师专业发展的概念

如果想要认识教师专业发展的本质，还需要厘清教师专业发展与教师专业化、教师专业素养的结构、教师专业发展的主动性等基础性问题。

第一，教师专业发展与教师专业化。教师作为一门古老的社会职业，但职业不能等同于专业，因教师职业的特殊性等因素的影响，其专业性地位在长时间里受到多方质疑或争议。由此，自20世纪60年代开始，在要求大力提升教师素养的背景下，欧美国家兴起了争取教师专业地位及相应权力和教师专业能力的教师专业化运动，但在运动中由于片面追求教师群体的专业地位及权力却忽视了教师个体关键的教育实践能力的发展,从而导致活动到 20 世纪 80 年代前,并未取得实质性进展。20 世纪 80 年代后,各国在加强教育改革中,充分认识到教师在改革中的关键作用,从而对以前忽视教师个体专业发展的做法进行批评和反思,促使教师专业化的目标重心从专业地位与权力的诉求转移到教师专业发展之上,成为教师专业化的方向和主题。

第二,教师专业素养结构。教师专业发展应朝向哪些内容和目标?如何评价教师专业发展的效果?如要解决这些问题,必须清楚教师专业素养的结构问题。作为一名优秀的教师应具备多方面的专业素养,概括起来主要包括三个方面:专业知识、专业技能和专业情意。

第三,教师专业发展的主动性。从已有研究中关于教师专业发展的概念中,都忽视了教师发展意愿的问题,几乎一致把教师会主动发展作为预设前提。但现实中教师的存在方式是多元化的,主要有"生存型""享受型""发展型"。其中,生存型的教师面对生活的各种压力,是否有强烈的意愿关注自身的专业发展呢?由此,在涉及教师专业发展的概念界定时,需要特别注意教师现实的生存方式与生活环境的前置条件,调动其发展的主动性。

（二）教师专业发展的特点

1.专业自律:共同发展,专业分享

教师这一职业在专业发展上更容易陷入单打独斗的境地。而青年教师如果缺乏融入专业集体的自律态度,就易于造成其专业发展中缺少互动对话、分享以及反思,其专业发展中经常充斥着无力感、无意义感。教师专业共同体的建设是促进教师专业自律的有效途径,进而在促进其专业发展中发挥作用。

（1）自觉寻求专业发展中的资源共享

教师这一职业的专业发展比其他任何职业更明显地需要对话和分享。每位教师作为一个独立、独特的个体,都在其独有的学习和工作经历中形成了具有鲜明特色的知识及经验结构。同一门课程的教师,同一个专业研究方向的不同教师,其在教学内容处置、教学方式方法以及科研思路等方面的表现也不尽相同。多样性和差异性本身就是教师专业共同体中一种宝贵的——即使是执教同一学科的教师在教学内容的处理、教学方法的选择、教学情境的创设等许多方面也可以说尽显个人风采。可以说,教师专业共同体中成员的多样性和差异性本身就是一种重要的学习资源。专业共同体系中的资源互补,有利于青年教师完善其专业能力,促进专业反思。一种互信、互相开放式的交互主体性,促进教师之间的交流互助。这对于青年教师来说是宝贵的成长资源。专业共同体的深入发展会对青年教师的专业发展提供良好的资源平台,也会对青年教师的专业发展产生足够的吸引力,进而促进其自觉寻求更多的资源以满足其自身发展需求。

（2）专业知识结构深化和完善

受到建构主义理论的知识观和学习观影响,对话、协商和分享在个体知识学习和经验成长中扮演着极其重要的角色。青年教师能够通过互助式的伙伴关系自觉进行寻求支持与引导,深化和完善自己的专业知识结构。

（3）促进教师进行专业反思

教师专业共同体可以通过对话让各种想法和观点进行自由的交流。对话可以让教师以更全面的视角来审视问题。通过对话,青年教师还可以对自己的观点进行反思,完善理解。教师专业共同体中丰富的对话使教师有机会对个人观点、信念和假设进行反思和修正,在持续地自我更新中形成一种自觉反思式的专业发展。

2.道德自律：自我反思

教师工作是一种特殊的专业劳动,赫尔巴特很早就指出了教育教学活动中的教育性。没有任何一项社会活动能像教学这样和人的道德活动紧密相关。教师的道德自律是指教师能够严格按照职业道德要求,对自身职业形成良好的自我调控,并能自觉履行相应职责。教师的道德自律发起于具有他律特征的各项学校规章制度和社会诉求,形成于自身不断的教学生活中,完善于深入理解教育之后。道德自律一旦形成,就会成为教师自我行为的一种指导原则,影响着教师的教育教学活动和自我道德成长。在专业共同体的建设中应该注意给青年教师提供自我学习、自我锻炼的机会,使青年教师有机会通过与有经验的同伴进行经验分享,不断自我反思进而将外在规约内化为自主诉求,构建道德自律。青年教师道德自律的形成有赖于青年教师能否正确地认识自我以及自我与环境之间的关系;有赖于对自我责任、义务的正确认识;有赖于对自我优缺点、自我修养的正确认识。在专业共同体的框架下,青年教师通过不断的自我反思,以及直接经验和间接经验的获得逐步正确评价、发展自我,形成正确的道德自律。

第二节　高校德育教师专业发展模式

一、强化思想教育引导

教师的职业特点决定着教师必须具备高尚的品德。尤其是那些担任高素质技术人才培养的教师,他们更应该加强德育,提高德育素质,这是立德树人的首要条件。

首先,要在思想认识上加强重视。高校党政部门应该切实落实教师队伍思想教育的责任,将教师的思想教育纳入日常管理之中。要不定期地开展优秀人物事迹的宣传工作。在行动上要引导教师践行社会主义核心价值观,牢固树立"四个意识",坚决做到"两个维护",这样才能在思想上与党中央保持一致性。

其次,在形式方法上要不断改进,通过读书会、专题报告等形式,发挥制度优势,开展政治理论学习,激发教师的政治意识与热情,提高他们德育的实效。

二、搭建多元实践平台

建设高水平的教师队伍是推动高校可持续发展的重要因素。要想不断促进教师的专业发展,提高教师的专业实践能力,除了依靠教师自身努力外,也少不了外力的参与。

首先,依托有效平台,参与实训,提升高校教师的专业实践能力。

其次,借助信息技术,提高教师的信息化素养,帮助教师建构信息化教学资源库,并将其能够有效运用到日常教学之中,这样才能不断提升教师的信息化教学能力。

三、加强教师师德师风理论学习

加强高校师德师风建设，应该将高校教师德育素质与职业认同摆在第一位。高校应该建构完善的德育教育学习培训制度，并不断开展相应的实践活动，从多层次、多渠道建立以师德师风为主题的活动，这些定期的活动，不仅能够培养教师的道德素养，而且有助于提升教师的职业道德水平与心理健康等。

四、优化高校教师管理全过程

要想从根本上解决高校教师的师德师风问题，就要从制度入手。有些学校开展了评优考核制度，对于教师的师德进行考核，但是很多时候出现了敷衍了事的情况，因此落实并不到位。对于这一点，高校首先应该将师德考核纳入考核评价之中，建立科学的评价制度。例如，在组织考核时，可以让学生进行监督与评价。同时，也可以设立专门的教师听课评课小组，对教师课堂中的师德师风进行评估，并将这一评估结果与他们的晋升、工资福利挂钩。这样必然会激发教师的师德意识，将自己的教学态度摆正，从而将师德建设与教学科研结合起来。

五、加强德育教师职业道德建设

自 20 世纪 80 年代以来，我国在加强教师职业道德建设方面取得了不少进展，其中产生重要影响的是制度建设。2012 年颁布实施的《国务院关于加强教师队伍建设的意见》第二条第五款规定："构建师德建设长效机制。建立健全教育、宣传、考核、监督与奖惩相结合的师德建设工作机制。"该规定并明确提出"师德一票否决制"。制度问题是根本性的、全局性的问题。国家通过行政手段建立了教师职业道德建设的制度，使教师职业道德建设翻开了新的一页。但道德的主体是人，制度是人来执行和遵守的，制度和人的互动是教师职业道德建设必须研究的重要课题。

对于制度概念的理解，可以分为狭义和广义两个层面。从狭义方面来说，制度是国家、社会组织以明确的条文规定的行为规范，要求人们在一定的社会生活中加以遵守。如果违反了制度，就要受到相应的处罚。但从广义来说,制度不仅包括有形制度,也包括无形制度。无形的制度包括社会习俗、道德意识等。制度是无形和有形的统一,在加强教师职业道德建设中,必须重视有形制度和无形制度的统一。有形制度主要涉及行为规范中的底线,往往是禁止性的规范,而无形制度则是人们的思想追求和价值取向,往往是对高尚的追求,教师职业道德建设中的制度建设要重视两者的统一。高校德育工作具有特殊性,作为德育教师,要重视有形制度的建设,更要重视无形制度的建设。高校德育教师要认真学习马克思列宁主义、毛泽东思想、邓小平理论、"三个代表"重要思想、科学发展观以及习近平中国特色社会主义思想,牢固树立社会主义核心价值观,塑造追求真善美的内心世界。只有这样,才能成为大学生的思想道德引领者。

（一）德育教师要站在时代潮流的前列,追求知识与真理

用中国特色社会主义理论教育青年大学生,是德育教师的神圣责任与使命,而要履行和实现这一责任与使命,必须孜孜不倦地追求知识,用历史与事实教育大学生。因为中国特色社会主义道路"是在改革开放30多年的伟大实践中走出来的,是在中华人民共和国成立60多年的持续探索中走出来的,是在对近代以来170多年中华民族发展历程的深刻总结中走出来的,是在对中华民族5000多年悠久文明的传承中走出来的,具有深厚的历史渊源和广泛的现实基础"。没有广阔的知识,中国特色社会主义理论教育就会显得苍白,难以收到良好的效果。中国特色社会主义理论是马克思主义中国化的重大理论创新成果,坚持中国特色社会主义理论就是坚持真理。德育教师首先要有中国特色社会主义的道路自信、理论自信、制度自信、文化自信,站在讲台上才能有底气。

另外,随着现代信息技术的飞速发展,网络在社会生活中广泛应用。青年学生青睐网上社交,手机成为他们生活中的"标配"。德育教师要与青年学生沟通、交流,熟悉他们的生活,了解他们的思想,必须拥有良好的网上功夫。教师在课堂上的教学,与以往传统的教学有了很大的不同。电子课件的应用大大改变了课堂教学方法,使教学更为生动、形象。电脑应用技术,是教师的必备技能。因此,一位好的教师,必须不断跟踪现代信息技术的发展,学习现代信息技术知识和技能。同时,从教师对于现代信息知识的态度,也诠释了教师的职业精神,对学生要诲人不

倦,对自己要学而不厌。

（二）德育教师要代表社会向上向善的正能量,追求高尚的道德境界

道德境界有层次之分。作为人类灵魂的工程师,教师在职业道德上要追求高尚的道德境界。曾经有位教师在课堂上大言不惭地对学生说:"学习就是为了考上名牌大学,赚大钱,娶美女。"他的这番"高论",引起了激烈的争论。这番话,反映了这位教师的世界观、人生观、价值观。在社会上,某些人存在这样的"三观",并不是奇怪的事,但在课堂上,这样引导学生,显然是违反教师职业道德的。在多元化的社会中,存在着不同层次的"三观"。有些是低层次的,容许在一定条件下存在,有些是高层次的,是社会应该大力倡导的。教师是社会向上向善的正能量的代表,是学生的楷模,应该自觉拒绝低俗的"三观"。

职业是可以选择的,但是一旦选择了教师职业,就应该以教师的职业精神对待工作。教师的工作是立德树人,它的价值与一般的经济工作是不同的,不能简单地以功利的眼光来考量教师的工作。我们寄希望于教师待遇的提高,但教师职业的性质表明:只有真正认识了教师职业的价值首先在于它的精神价值,才把握了教师职业的真谛,才能真正做好一个教师。许多优秀的教师正是以献身精神从事职业活动,在他们心目中,教师是职业、更是事业,这使他们进入了更高的道德境界,呕心沥血地培养学生,从而获得了社会的赞赏,而桃李满天下之日,也是他们的人生快乐之时。

（三）德育教师要加强言谈举止修养,追求外在美和心灵美的统一

中国古代荀子认为"美善相乐",指出了善和美有着内在的联系,这是一个非常有见地的观点。作为教师,不仅要全面地理解美善关系,从美与善的联系中找到当代道德教育的有效途径,即通过审美教育分辨美丑,提高学生道德素质。同时,在自身职业道德修养中,也要将美与善统一起来。教师在言谈举止中要体现内在的素质,举止优雅,言谈文明,否则会对学生产生负面的影响。现在,很多人谈论颜值,颜值中包含着美,但是它属于外在美。教师需要外在美,但更需要内在美,即心灵美。内在美是人格美,它是人们通过不断的修养实现的。作为教师,这种美

是教师热爱工作、热爱学生,无私奉献精神的集中体现。

教师的职业道德修养的最高境界是真善美的统一。孜孜不倦地追求真善美的境界,它使教师的职业充满着理想的光辉,推动着教师道德人格的不断发展。而这种追求和脚踏实地的精神结合在一起,就能为社会培养更多更好的人才,实现教师职业的神圣使命。

第七章

新时代高校立德树人之延伸：以美育人

通过审美教育,可以使大学生的情感得到陶冶,思想得到净化,品格得到完善,从而使他们的身心、精神境界得到升华。基于此,本章就来分析新时代高校立德树人之延伸:以美育人。

第一节 美育基础知识分析

一、美的性质

美感,顾名思义,专指我们对于美的事物所产生的美的感受。但这只是狭义的美感,从广义上来说,美感还包括审美观念、审美理想以及审美趣味等主客观相结合的东西,这样的美感又可以称为审美意识。那么,我们该如何把握美感,或者说美感究竟具有什么样的性质呢?我们认为,美感是从美的事物之中派生出来的,是人对于客观存在的事物的一种反应。例如,我国近代著名诗人徐志摩为剑桥写作的著名诗歌《再别康桥》(节选):

轻轻地我走了,正如我轻轻地来;

我轻轻地招手,作别西天的云彩。

那河畔的金柳,是夕阳中的新娘;

波光里的艳影,在我的心头荡漾。

软泥上的青荇,油油的在水底招摇;

在康河的柔波里,我甘心做一条水草!

那榆荫下的一潭,不是清泉,是天上虹;

揉碎在浮藻间,沉淀着彩虹似的梦。

在这里,敏感的诗人用如此深情的笔触将自己对于剑桥自然的审美感受毫无保留地倾吐出来了,从中我们可以意识到,美感的反应对于美的事物来说是具有一定能动性的。可以说,在整个美感的产生和表达的过程中,都有积极的创造性参与其中。而且,对于同一种事物,对同样都可以产生审美感受的人来说,美感也绝不是完全相同的。这是因为在审美活动中,人的成长经历、生活经验、个性品质以及文化修养等都在作为一种潜在机制起作用,因为这些因素对于每个人来说都是独一无二的,所以美感也常常是各不相同的,就像这世界上没有两片完全相同的树叶一样。

另外,我们还必须注意到,在美感产生的过程中,人还会对自己脑海中出现的"美的形象"加以情感的投射和补充,让审美感受在自己的品位当中得到不断的强化,产生出立体的层次感。甚至,这些富有层次的感受有些很大程度上已经超过了原来的事物想要表达的范畴。

二、美育的特征

美育的特征是美育本质的外部表现,是由美育的本质决定的所派生出来的。

审美教育是情感教育。没有情感的触动,就谈不上情感教育。要触动情感,就不能靠单纯的说教、理性的推理这些在德育、智育中常用的方法,而要以具体的、形象的美的事物来做到这一点。

以人对自然风光的欣赏为例。虽然观看"桂林山水甲天下"的电视片,参观九寨沟美景的摄影作品展都不是什么难事,在信息技术高度发展的今天,还可以在国际互联网上游览美国大峡谷国家公园,观赏尼亚加拉大瀑布,但人们还是不惜花费大量金钱,千里迢迢地去游览观赏自然景观本身,以求身临其境之感,闻鸟语,嗅花香,感清风拂面,观自然美之千姿百态。虽然看电视、看照片也可以给人美的感受,但身在美景之中观赏美,才能感受到真正的心旷神怡。美育正是用形象、直观的美的事物作用于人的感官,激发人的情感来达到教育的目的。虽然在德育、智育、体育中有时也借助形象化的方式以达到更好的效果,但只有美育的过程是自始至终与美的形象紧密联系在一起的。美育也正因其形象性而易于被人接受。对尚不具备抽象思维能力的个体来说,以形象性为特征的美育也就理所当然地成为可以最早开始的教育了。

第二节　中国美育思想理论分析

无论是中国还是西方,在美育学科产生之前都有相当漫长的审美教育和美育思想的历史。无可否认,在人类历史上,美育学科主要是在康德、席勒美学思想的影响下形成、确立的,尤其是席勒对审美教育问题进行了非常全面而系统的理论阐述,为美育学科的最终确立奠定了基础。

汉末魏初著名的"建安七子"之一徐干(170—217)可能是中国历史上,也可能是人类历史上最早提出"美育"一词的人。

徐干的"美育群材"之说,与席勒的美育观相比较,并非出于一种所谓"古已有之"的思维,当然我们也并不回避"美育"概念在中国确实"古已有之"。本书只是想指出这样一个历史事实,即尽管徐干的"美育"概念在当时及后世都没有引起多大反响,在中国古代美学史和教育史,尤其是美育史上甚至都可以说只是昙花一现,但是它所体现的观念、思想却是建立在中国古代相当悠久的审美教育的历史传统之上的。这些思想、观念远比徐干的"美育群材"说丰富、全面、系统,它在中国古代的代表性概念不是徐干的"美育"而是"礼乐教化"。

徐干所说的"六艺""六仪",主要来自《周礼》,他的"美育群材"观也与《周礼》关于以"六艺""六仪"教化天下、以"乐语""乐德""乐舞"教"国子"内容有关。而《周礼》所体现出的礼乐教化的美育规则可能是这个传统在思想观念上的表现,徐干的"美育"正是建立在这个历史传统之上的。西周以后这个传统延续下来,尽管春秋战国时期"礼坏乐崩",但先秦诸子几乎无不说"礼"论"乐",并从新的思想观念出发进一步发展了西周以来的礼乐教化传统,将诗、书、礼、乐视为社会性的道德伦理教化和个体人格修养的基本途径,极大地高扬了美育的地位。

徐干在论述"美育群材"问题时曾多次引述先秦两汉的儒家文献,说明他的美育观主要来自先秦以来的儒家美育思想。这不必是孔子的言论,但其所体现的思想观念确实来源于孔子。孔子、孟子、荀子等说礼论乐、称诗言教,可以说已经为"诗教""乐教"等概念的提出奠定了思想基础。儒学大师董仲舒对中国美育思想的一个重要贡献就是明确地提出了"礼乐教化"的概念。他在著名的"天人三策"中指出,"教化行而习俗美","教化以明,习俗已成",这是"礼乐教化"概念在中国古代美育思想史上的最早出现,它可以说比较集中地体现了儒家美育思想的主要内容和基本思想倾向,而其具体内容又通过此前的"诗教""乐教""礼教"等一系列美育概念表现出来,此后的中国古代美育思想基本上都是围绕着"礼乐教化"这个核心观念展开的。

近代学人有鉴于"西学东渐"的文化压力,曾提出"以美育代宗教"

（蔡元培）或"以道德代宗教"（梁漱溟）之说，甚至可以说，在中国历史上以道德人格之培养为主要目的的礼乐教化的美育传统一直就在起着替代宗教的历史作用。近代王国维、蔡元培之宣扬美育，虽然主要是受到西方美育学说的影响，其基本观念和理论内容也大都来自西方，但也不能排除中国古代美育思想传统对他们的影响，如王国维就曾写过《孔子之美育主义》一文。现在我们还无法确定王国维、蔡元培等论说"美育"问题时是否注意到徐干的"美育群材"说，但他们两位都深通国学，对中国历史悠久的美育传统和丰富的美育思想都相当熟悉。事实上，在他们的美育学说中来自民族传统的美育思想一直占有重要地位。

第三节　大学生以美育德的实践路径

一、家庭生活中的审美教育

随着人们物质生活水平的提高，越来越多的家庭开始追求生活环境的美化。人不可能天天去游览名山大川，却要日日生活在自己的居室中，因而尽可能地美化自己的居室，营造一个赏心悦目的环境，就成为人们共同的愿望。

孩子从诞生的第一天起，家庭环境就开始从客观上对其产生影响。我们常说"环境育人"，如果父母能从审美的角度，布置、美化自己的居室，使孩子从小生活在一种良好的环境中，则对孩子最初的审美情趣的形成有十分重要的意义。

对居室环境的审美要求，最基本的，也是不论经济条件好坏人人都可以做到的，就是干净、整齐。整洁的环境使人精神愉快，心情舒畅，对促进孩子形成乐观的人格精神有积极的意义。经常打扫房间，还可以使孩子养成爱清洁、爱劳动的好习惯。相反，垃圾不扫，尘土不擦，物品乱放，居室脏、乱，空气污浊，则使人心情不好，情绪不高。这样的环境对孩子的身心都会产生不良的影响，不利于孩子的健康成长。例如，一些人随地吐痰、不讲卫生的坏习惯，可能就和他们从小生长的环境有关。环境的清洁与否，不仅仅与审美教育有关，它还反映了家庭成员的精神面貌,关系到对孩子基本素质修养的培养,因而是十分重要的。

在整洁的基础上,就可以考虑居室环境的美化了,现在人们越来越重视这一点。例如,几乎所有的城市家庭在迁入新居之前,都要进行装修。然而,装修的时候,有些人一味追求豪华,却忽视了美。他们把房间布置得像宾馆、饭店一样,看起来富丽堂皇,但缺乏艺术美感,没有个性。这样不仅浪费了钱财,对孩子的审美教育也是不利的。在布置居室时,从审美的角度,首先要注意空间感。家具的选择以够用为原则,不求豪华,不求成套,以留出尽可能大的活动空间。不盲目追求时尚的吊顶和夸张的灯饰,以免造成视觉疲劳。其次要注意色彩感。色彩要协调,体现个性。一般可根据个人爱好选一种颜色作为房间的主色调,再用一二种同一色系,或邻近色系的颜色与之搭配,使房间从整体上产生一种色彩的协调感。同一房间的所有纺织品装饰,窗帘、沙发罩、台布等,可用同一花色的面料制作,以形成一种整体的美感。在一个封闭的空间里,色彩最先作用于人的视觉,因而也最具感染力。蓝色给人以宽广宁静之感,绿色象征自然与生命,黄色柔和,生活在和谐悦目的色彩中,耳濡目染,孩子就有了审美意识。

亲近自然是孩子的天性。养一些绿色植物和鲜花,几尾美丽的热带鱼,房间会显得生机盎然;看到植物的生长,鱼儿的游动,孩子会对生命的意义有所感悟。在屋里悬挂或摆放一些家人的照片,就营造了一种温馨的家庭气氛。用孩子的作品来装饰房间,是对孩子的想象力和创造力的赞赏与肯定,更会使房间的布置显现独特的风格。例如,用孩子的手工或绘画作品来装饰墙面,就能收到很好的效果。随着孩子年龄的增长,鼓励他不断把新的作品挂到墙上,这样的房间布置充满新意,创造美的勃勃生机是千篇一律的世界风光画所不能比拟的。家居布置是艺术,家居环境的美化有着重要的美育功能。多花一点心思,为孩子创造一个美的环境,鼓励孩子也来参与环境美的创造,让孩子从小爱美、追求美,是每个父母都可以做到的。

家庭生活环境的美化,除了包括居室环境美之外,还包括服饰美。服饰美与不美,除了色彩要搭配得当,还要看其是否能达到两个和谐。首先是服饰与人的和谐。父母自身的衣着和对孩子的打扮,反映了父母的审美观。这种审美观会潜移默化地影响孩子,对孩子形成一种审美引导。

二、艺术熏陶与审美能力培养

艺术是生活的反映，艺术美是源于生活美的创造美，因而具有特殊的审美价值。

（一）音乐的艺术美

音乐艺术在一定时间的发展之后，可以说是已经进入了千家万户，音乐本身是具有美感的，它通过不同的音乐形式向外界传播着不同的美。当音乐的美感通过家庭音乐教育进入人们的思想中，这种美就有了一定的驱动力，它带着我们走向更加具有个性的、更加文明的，也更加具有力量的精神世界。

音乐本身具有的美感，是在向个体传递音乐知识的课程教育中不断传授美的体验，从而对美有了一定的认知。家庭音乐教育是一种培养个体感官感知力的教育，它有自己的意识和特点，而恰恰是音乐有了独特的意识和特点，家庭音乐教育才具有了独特的魅力。家长在引导孩子聆听音乐的同时也应该注重音乐本身的意识特点。音乐与美术一样，是一种具有美感的艺术，这种艺术学科本身存在着一种潜在规则。

1.音乐是听觉中的艺术

音乐是声音艺术，也是一门听觉艺术。听觉作为音乐与语言之间的媒介，有着不可替代的重要作用。音乐怎么发声，这与各种制作乐器的材料有关，木质、金属、丝质材料通过体鸣、气鸣、弦鸣等不同振动模式以及吹、拉、弹等演奏方式创造出不同的音乐，塑造出不同音乐的不同美感。由于音乐塑造选择的材料等不同，音乐也有了不同的选择性。

演奏音乐的乐器多种多样，不同的乐器产生出不同的音色，个体从而感知到不同的音乐内容。乐器的演奏构成了音乐，听觉使个体可以听到音乐，并感知到音乐的韵律与内涵。音乐和语言文字不同，语言文字可以使个体直接获取信息，音乐却是间接的，同样的音乐，每一名个体的感受却有可能千差万别，这是因个体的音乐感知力不同引起的。有的个体拥有音乐天赋，他可以敏锐地获取音乐中存在的内涵，有的个体略显迟钝，只能靠后天培养才能了解其中深意。因此，家庭音乐教育的存在是必要的，它是塑造个体音乐听觉的必要条件。

2. 音乐是时间里的艺术

波兰作家李贝尔特所著的《美学》一书中,对于美的艺术有着这样的解释,时间的艺术就是在时间中开展的艺术,如诗歌、舞蹈及音乐。音乐是随着时间开始和结束的,随着时间的流逝,音乐也会随之结束,总结来说,在一定意义上可以说音乐是需要花费时间的。个体在一定的时间内享受音乐,音乐的内容在表演期间得到展现,音乐与时间是息息相关的。这种源于音乐与时间共存的状态是李贝尔特眼中的时间艺术,具有时间特征的艺术形式包括诗歌、舞蹈等,都需要通过时间来表现其本身所蕴含的某种意义。

3. 音乐是抽象的艺术

音乐这门艺术不像是诗歌文字,可以通过直观的文字叙述或者情景朗读使个体直观地感受到其中蕴含的美感。音乐是难以准确表达的,个体只能通过耳朵听到的声音来分辨音乐所具有的内在情感。不同的个体有不同的感觉,同一种音乐每一名个体也有着不同的感受与理解,这创造了音乐多姿多彩的体验感受。同时,不同种类的乐器创造出的音乐类型也很多,有的个体偏爱古典音乐,有的个体偏爱现代音乐,每一种音乐都有着它自由的美妙的韵律,个体可以在这种无拘无束的自由中充分感受音乐的魅力。

4. 音乐是情感的艺术

诗歌通过深刻优美的文字与抑扬顿挫的声调向人们展示诗歌中具有的情感,小说通过丰富细致的描写及荡气回肠的剧情向人们展示情感出现的原因。诗歌、小说都是通过直接的方式向人们传递某种情感,但音乐却是复杂多变的。不同的乐器材料创造了不同的音色,不同音乐的结合创造了多变的音乐,人们在享受音乐时,需要通过自身的联想对音乐所表现的内涵进行自身的独特认知。音乐的认知是一种带有强烈主观色彩的艺术,音乐无法直接向人们叙述情感发生的历程,那些具有深刻意义的音乐内涵只能通过个人感受得以实现,不同的情感体验带来了音乐的不同认知,不同的文化水平对音乐的理解程度不同,所以,音乐的内容具有情感的确定性与对象的不确定性相统一的特点。

（二）音乐艺术与个体审美

音乐与舞蹈、美术一样，是一种艺术形式，因此家庭音乐教育本身也与美术教育、舞蹈教育一样，属于艺术教育。

艺术教育是通过美术、文学、音乐等艺术手段和内容进行家庭审美的教育活动。艺术教育的任务是培养审美观念、关于美的鉴赏能力以及展现美的创造能力。艺术教育是要提高人们对于美的感受和理解，培养对艺术的表现力，尽管艺术教育本身的表现手法与传播途径有差别，但其主旨都是以审美教育为核心。除了艺术教育具有的审美功能外，还有其他共通属性。了解艺术教育存在的情感共性有助于我们了解家庭音乐教育的特性，并对家庭音乐教育这门学科有一个更加深入且更加全面的了解。

1. 音乐与个体实现情感共通

情感是人在面对不同的事物及事件时，对其进行判断后，是不是能够满足自己的心理预期产生的一种心理反应。个体能否对音乐产生一定的情感共鸣，这种共鸣是否直击心灵，是衡量艺术作品是否成功的重要标志。因此，这种情感共通性在家庭艺术教育中是有重要意义的。

不同的音乐曲调表达着音乐的不同情感，情感作用于人类精神世界，并通过艺术的形式反映现实并对个体的心理造成影响。悲伤的音乐会感染个体产生悲伤情绪，欢快的音乐会感染个体产生愉悦的情绪，悲壮的音乐会感染个体产生悲壮的情绪，音乐独有的感染力使其具有极强的魅力。个体可以从音乐中感受情绪，也可以通过音乐抒发自己的感受，将自己的感受融入音乐中，音乐本身便具有了创作者的灵魂，创作者本人所具有的情感力量融入其创作的音乐中，这是一种创作者自我的实现，是一种通过音乐与其他人交流的过程，所以音乐具有一定的社会性。

真正的音乐是最贴近生命本质的音乐，由此也是最能打动人心的一种艺术。音乐与舞蹈一样，都具有艺术美感，这种艺术美感造就了一种更为高级的情感表现。音乐是与人生紧密相连的，随着人类的发展而发展，展现着真实的人格。音乐本身所具有的情感体验也比其他艺术更加贴近人生。任何一个没有生命特征的乐符都会让音乐演奏显得枯燥乏味。歌唱家必须把内心深处的情感传递给听众，在演奏的过程中，听众需要能够从中了解并接收到音乐所表达的情感内容。没有情感，只有技巧的歌唱家是不可能成为一个卓越的艺术家，没有情感的音乐也不会为大众所认可。

音乐是有情感的。家庭音乐审美教育需要以情感为主轴线进行教育，这种动人的情感需要时刻使学生能够体会到。歌唱家通过独特的嗓音、抑扬顿挫的音调使人们感受到其中蕴含的情感，音乐通过不同材料的器材、不同的演奏方式奏出不一样的乐章，他们都是极具艺术感染力的。家庭音乐教育旨在教会孩子如何辨别美，培养正确的审美观念，低劣的音乐会使家庭音乐教育本身走向偏差。

2. 音乐让个体学会创造艺术

像家庭音乐教育这样的艺术教育是为了提升个体的审美，使个体对音乐等艺术具有一定的感知力和理解能力，除此之外，还需要培养个体表现艺术以及创造艺术的能力。理解认知需要在其具有一定的基础知识上进行，而艺术的创造和表现则需要在一定的技艺掌握上才能有所创新。由此，音乐的技艺性也是不容忽视的。

家庭音乐教育如果单纯地只进行审美教育，那么家庭音乐教育只能是比较浅薄的教育，单纯的音乐感受体验需要在具有一定的技艺技巧能力的基础上才能更好地体会。音乐的创作需要技术技巧加持。只会阅读而没有写作技巧的人写不出好的文章，只会听音乐没有创作技巧的人创作不出好音乐。为了更好地进行音乐创作，需要在家庭音乐教育中进行技能技艺传授。对于家庭音乐教育需要重视技巧技能的要求，这就需要家校合作，即让孩子融入学校教育中。耳朵链接音乐，良好的听力是欣赏美妙音乐的基础，音乐的技术能力的培养正是为了能够训练听力，更加清晰地听到音乐中存在的问题。学习音乐需要个体进行多方面的学习，学习的内容也非常多，可以说音乐包含了很多技术。音乐作为艺术的一种表现形式，是需要通过一定的表现形式和内容展现才能被人们感知的。美是音乐的必要属性，没有美，音乐也就没有了可欣赏性，成了技术拼凑出的伪作品。

3. 音乐让个体体会独特的形象美

艺术追求的是美，科学追求的是真。每一门艺术都有自己独特的艺术形象，没有形象，就没有艺术。所以，艺术教育的过程中也需要有形象鲜明的艺术形象作为基本内容进行教学。

黑格尔说过：艺术形式就是诉诸感官的形象。在音乐中，不同的物质材料的拼接匹配组成了不同的乐器，不同的乐器演奏出不同的音乐。音乐是看不到摸不着的，它本身没有任何的语义解释，我们此刻讨论的音乐的形象美并不是单纯认知和肯定，而是更多意义上对家庭音乐教育本质的讨论。

音乐的感受只能够依靠耳朵的听觉来实现。这种不是眼睛可以直接看到的感觉，也没有特别难以理解的抽象问题，是需要通过了解音乐中所传递的情感来进行联想想象的，在联想和想象中更加详细地体会到音乐中蕴含的价值。音乐本身的艺术形象还没有具体的概念来描述。相传我国古代的大音乐学家俞伯牙和他的老师学习多年，也只学到了技术，音乐本身还是缺乏感情，为此，他的老师把他带到蓬莱山下，让他独自一人体会河流、山峦、群鸟，从而引发他的无限感慨，于是俞伯牙才创造出了一首充满情感的《水仙操》。音乐教育的形象特征有助于学生更加清晰地感受音乐本身的魅力。因此，很多音乐教材中都将音乐更加具体化以更好地传授，这也证明了音乐形象是真实存在的。

将家庭音乐教育做得更加具有形象特征，使得个体更容易领会其中深意，更加容易感知到音乐中存在的内涵，这也是每一名个体进入音乐世界的一块敲门砖。家长以更加具象的、直观的方式进行引导，不仅只通过听觉，还寻找其他视觉等方式进行音乐感受，加以联想想象来对音乐进行更加深刻的理解和感受。音乐作为情感输出的一个关键性媒介，是需要通过不同的音乐表现形式将情感与之相连。这种情感传输是与音乐教育的形象分不开的。

4. 音乐让个体感受愉悦

所谓音乐的愉悦性，多指的是音乐引起个体主观精神上的愉快的情感体验。正是由于这种艺术愉悦性的存在，才有了艺术教育中的"寓教于乐"规律。音乐本身具有的审美性是需要一定时间沉淀的，从而形成一种自我意识的美的感受。在家庭音乐教育中，艺术的愉悦性是一种本身的教育力量，音乐通过愉悦性感染着个体的心灵，这种带着快乐的教学，使个体体会到了音乐的美感，相反，音乐独特的美感也使得音乐具有了这种愉悦性，两者相辅相成，创造了更加理想的家庭音乐教育成果。

音乐的愉悦性是分为很多层次的，最浅层的是感官上的愉悦，然后是心灵上的愉悦,最后是灵魂上的愉悦。家庭音乐教育不能把教育仅仅放在感官层面这种浅薄的层面上,需要往灵魂深处走,通过家长的引导作用,把音乐上升到更高的层次,只有这样,个体才能更好地领悟到音乐存在的内涵,更深地体会音乐本身的美。

三、大学生实现以美育德的基本途径

(一)在审美实践活动中大力拓展德育资源

在审美实践活动中实现以美育德,必须注重从德育的角度积极拓展美育资源,丰富美育内容,使大学生在自我观照中接受美的规律和善的法则,在真善美的和谐交融中提升道德认识。要拓展艺术美、社会美、自然美等基本内容,借其所特有的真与善的本质力量的感性显现方式,传递道德价值,发挥道德教育作用。要加强传统的音乐、舞蹈、绘画等艺术课程内容,使之通过课程学习获得正确的美的理念和审美态度;同时采取各种措施激发学生的艺术兴趣,如鼓励学生根据自己的兴趣参加或组建各类艺术团体、开设各类艺术选修课、艺术实践活动学分化等,以美的艺术启迪大学生,熏陶道德情感,培养健康、高雅的审美情趣和正确的审美观点,影响其价值判断和价值选择。要积极开展向各行各业涌现出的英雄人物、道德模范学习活动,让大学生从社会和生活中去发现和感受人的善和崇高;开展对祖国的大爱、集体的关怀、父母无私养育的感恩活动,体会自己在社会中的地位以及自身存在的价值和意义,以美好的人情人性完善大学生的心灵,架起通往真与善的桥梁,引导大学生自觉创造美的生活。

要用优美的校园景观和人文环境来丰富大学生的情感,营造积极健康的教育情境;增加对祖国河山、自然美景的亲近、接触,在接触中感受自然的伟大,感受自然与人的联系与和谐,从而由心底涌出热爱自然、热爱生命的情怀,正确的美丑、善恶观念自然获得,健康的人生态度自然树立。

（二）加强对以美育德各环节的德育指导

借鉴对人的高级行为模式研究，统一于当代大学生审美能力和思想政治道德素质双重建构的以美育德，包括以美动情、以美化知、以美炼意和以美致行等4个环环相扣、顺序发展的基本环节。实现以美育德、德美相长必须加强德育对这4个基本环节的指导，才能以美育情，以情动人，以情育德，水到渠成。其中，以美动情是育德的起点，在这个环节中渗透德育原则，指导人们对社会思想道德和行为产生爱憎、好恶等的情绪态度，使情动于衷，引发人们不自觉地进行道德判断的内心体验，陶冶道德情感。以美化知是育德的重要基础，是在以美动情生成情绪态度基础上，介入道德规范和道德价值的指导，激励和调节大学生对道德规范及其意义的认识，产生对是非、善恶、美丑的认识判断和评价，提高道德认识能力。以美炼意是关键的临界点，在情动于衷、辨识道德的基础上，自觉地产生与各种不道德的思想作斗争的意识，提高道德自觉性，锻炼道德意志，使之转化为人的道德需求，形成解决大学生思想道德生活中的内心矛盾与产生支配行为的力量，形成坚定的道德信念。以美致行以美育德的实现形式，是内在的道德情感和道德认识的外部表现行为，是在生成道德情感，化作道德认知，形成道德信念后，在现实行动中对他人、社会和自然所做出的道德行为反应。

（三）把以美育德与解决大学生的思想生活实际相结合

以美育德只有克服形式主义倾向，与大学生关心关注的社会生活实际结合，与大学生的思想实际结合，才能更容易为其所主动接受，体现出实效性。一方面，要立足于以美育德的根本，关注大学生对终极价值的追求，为大学生提供人生指南。紧紧围绕大学生正确的理想信念的树立来展开，充分彰显美、德本身的魅力，挖掘大学生自身立志树德与做人的内在需求，建立大学生对理想信念的信任，使其有所信，行其信，培育和塑造大学生的理想人格，实现德育目标和美育目标的统合。另一方面，大学生是校园人，更是社会人，要以建立大学生自身、与他人、与社会以及与自然的和谐关系为诉求，增强大学生适应社会生活的能力。要针对其成长特点，加强以美育德与大学生心理健康教育的结合，培养大学生坚韧不拔的意志、艰苦奋斗的精神。同时，在利益多元化、价值取向多样化的社会转型期,要帮助他们克服如实用至上的道德虚无主义、个人至上的极端个人主义、物质至上的享乐主义等不良社会思潮和道德观念的影响,鼓励他们坚持原则,正确认识和处理社会生活中的各种基本关系,走出困惑和迷茫,在政治、经济、价值观和生活方式的多元变革中做出正确的判断和选择。

第八章

新时代高校立德树人的多维实践探索

21世纪的高校德育,无论是内容还是形式,无论是目标、过程、方法还是手段,无论是管理还是评价,都将以一种崭新的面貌展现出来。本章就来分析新时代高校立德树人的多维实践探索。

第一节 网络环境下的高校德育工作实践

一、信息化与互联网教育

（一）信息化的概念

信息技术是现代科技的重要组成部分，其从 20 世纪 80 年代开始就给人类的生活方式带来了巨大的影响。我国还未进入完全的工业化时代，但已经迎来了信息化时代，这也是我国现代化发展的重要成果。信息技术进入人们的生活，使人际往来的时空限制被打破，全球各国、各民族、各地区甚至每个角落都因为信息技术的出现而联系得越来越便捷、紧密，也正因为信息技术的出现，全球人民共建"地球村"的美好愿景一步步实现。全球各国借助信息化手段而相互联系，友好往来，各种不同的价值理念、民族文化相互交流、融合。可见，信息技术的产生与发展的意义不是简单地停留在传播工具的更替和现代传媒的快捷，它成为人类对网络社会加以构筑的重要基础，它改变了人们的价值观念，也使得人类的思维方式和生活方式都发生了重大的改变。

20 世纪 60 年代是"信息化"概念最早出现的时间，当时由日本科技研究人员提出"Johoka"一词，该词被解释为信息化。最初提出信息化时，人们将其理解为信息产业化，而社会信息化被视作信息产业化的目标。总之，信息化使人们的生产生活方式、就业方式、消费方式等发生了翻天覆地的变化，它的意义不仅表现在技术领域、传播领域、经济领域，更在社会生活的各个方面全方位渗透，是社会变革的伟大成果，是人类文明发展的重要成就，我们要高度重视信息化的经济意义、社会意义以及文化意义。

（二）信息化时代的特征

1. 信息传播数量多

全球化时代的到来使得知识、信息的传播不仅数量多而且速度快，而进入信息化时代后，数量变得更多，信息的爆炸与饱和已经成为人们必须面对的客观现实。在信息大量传播中，人们从多个视角理解信息，从而促进了人类价值观念、思维方式的多元化。

2. 信息传播速度更快

信息化时代背景下，信息传播不仅海量，而且速度飞快，信息的飞速传播使得全世界的重要新闻在第一时间被各国人民知晓，人类进入了信息全球化时代。世界各国、各民族的信息在全球范围内加速传播，五花八门的信息在人类共建的"地球村"相互整合、交汇，被世界各地的人传播、分享、评价。人类是生产信息的主体，也是接收和消费信息的受众，现代传播媒介越来越多样化，越来越发达，同一信息可能同时传播到世界各地，被世界人民共享，具有鲜明的即时性特征，而且如此飞快的传播也保留了信息的原貌。人类传播信息、进行信息交流与互动的速度越来越快，大众传播媒体如电视、广播等的发明与流行使人们能够快速掌握世界各地的信息，计算机网络的出现为人们的远程交流与互动提供了良好的平台，人类的时空距离正在被消除。

3. 人类生存空间的网络化

人类的时空距离因为信息技术的出现而不断缩小，互联网的出现使得地理上的距离限制被打破，人们可以随时随地进行远程交流。网络使得人类过上了更加自由的生活，已经成为人们生活中不可缺少的一部分。人类的生存生活空间因网络的出现而得到了拓展。

4. 人类的交往方式多元化、交往空间扩大化

当前，世界经济格局、经济增长方式因信息技术的发展而彻底发生了改变。网络经济社会正是因为信息技术革命才形成的。人类的交往方式受到了信息化的重要影响。信息技术的革新使人与人之间的交往越来越便捷，基于信息技术而形成的交往方式比传统交往方式更多元

化、高效化。信息技术的发展也促进了很多社交软件的产生,如脸书、微博、微信等,这些交往软件有很大的自由性,而且具有即时性,人们时时刻刻都能在第一时间将自己的最新动态分享到平台上。

全球化、电子化、智能化、非群体化等是信息化的重要属性,正因如此,全球性、虚拟性、开放性和交互性等成为人们在信息化时代交往方式的典型特点,人际交往空间也因此而一步步扩大。

二、高校网络道德培育的意义

道德是人类探讨的一个永恒话题,社会在不断进步,道德标准也在不断完善与发展。随着人类进入信息化社会,网络传播方法的不断更新,虚拟网络吸引了更多用户,因此也需要进行思想道德建设,只有这样才能帮助广大网民树立正确的价值理念与思想理念,这样才能与各种不良思想作斗争。尤其要重视大学生的网络道德教育,不断提升新时代大学生的网络道德素养,这样才能让新时代的大学生肩负起民族的重任。

(一)有利于促进新时代大学生在网络环境中健康成长

随着网络新媒体的出现,引起了各个领域的发展与改变,尤其是传统道德环境的巨变。学生通过网络能够获取更多信息,也能够在虚拟空间表达自己的思想和看法,享有充分的自愉时间,因此需要对新时代大学生展开道德教育,让他们能够在虚拟空间中仍然能够不脱离道德的约束,时刻地规范自己。另外,各种西方文化思潮充斥在网络空间中,西方意识形态一直不忘对我国主流意识形态进行颠覆,因此会散布一些不利于我国主流意识形态发展的言论,对新时代大学生产生巨大冲击。因此,新时代大学生只有具备正确的思想与坚定的信念,才能应对这些冲击,才能找准自我,才不会迷失方向。另外,网络空间中还存在一些网络诈骗、网络暴力等负面行为,因此培养大学生的道德自律能力,提高大学生的道德修养,能够让大学生从容地应对网络中各种不良的行为与言语,从而营造一个良好的网络环境,促进大学生健康成长。

（二）有利于提高高校德育工作的实效

网络虚拟空间逐渐成为新时代大学生生活的一部分,网络空间环境会对大学生的成长造成影响,因此学校德育工作需要重视网络虚拟空间的塑造。网络具有信息量大、开放性等特点,导致信息来源良莠不齐,同时也存在一些错误认识与价值观,这些思想对新时代大学生造成冲击,甚至会让大学生迷失自我,这也会影响学校德育的质量与地位。高校德育工作在网络环境下将会面临多重机遇与挑战,可以借助网络实现德育教育手段的更新,也能够对德育教育的内容进行丰富,对于大学生来说,这样才能完善德育教育内容与方法,从而获取德育教育预期的效果。

三、网络环境下高校德育的实践策略

大学生出现的网络交往诚信意识缺失、网络主体责任意识不强、权责意识不清、网络自律意识薄弱等现象是由多方面原因造成的,大学生自身因素以及大学生所处的网络环境都对大学生网络道德具有重要影响,若要切实有效地解决新时代大学生网络道德中出现的现实问题,进行大学生网络道德教育应该立足大学生自身、家庭、学校、社会等多个维度,充分结合新时代大学生网络道德教育目标提出对策,同时注重发挥大学生网络道德内生动力,促进其在提升自我道德水平的同时成为良好网络环境的建设者与守护者。

（一）引导大学生进行自我教育

由于网络的隐蔽性、匿名性和虚拟性,活跃在网络社会的人可以在网络社会中无视道德伦理底线,随意发表观点。当前大学生的网络道德意识较强,普遍认可在互联网中应该遵守相关规定,并愿意主动遵守网络相关法律法规,但部分大学生网络主体责任意识不强,诚信交往意识较差,同时,大学生网络主体权责意识不清、网上自律意识不强现象较为普遍。自身的政治面貌也对大学生网络道德具有影响作用,且政治面貌越高,大学生网络道德水平相应也越高。

从以上分析结论可以看出,进行大学生网络道德教育应充分发挥大学生自身主观能动性,结合大学生自身发展特点,注重发挥大学生自我教育的作用。因此,需从大学生自身入手,引导大学生进行自我教育,通过理论学习、榜样示范、自我教育三种途径来开展大学生的网络道德自我教育,纠正大学生网络不道德行为,助力其树立正确网络道德规范,进而提升网络道德修养。只有大学生自身明确了网络道德的重要性,树立了正确的网络道德意识,激发出内生动力,能够保证其他的教育对策能够顺利实施,取得预期成效,实现切实提升大学生网络道德,彻底改善网络环境的最终目标。

1.理论学习:提升自身的网络道德认知和辨识能力

网络道德认知是网络道德意识、网络道德情感、网络道德意志等网络道德思想的统称。在各自的生存空间内,每一个社会个体都会以不同的方式对自己的道德认识进行建构,从而确立自己的道德行为逻辑。而导致网络失范行为的内在原因为大学生的网络道德认知失调,网络社会中大学生可以通过道德实践、道德评价、道德教育等途径来形成道德认知,而道德教育只是大学生形成网络道德认知的一种途径。既然明确了大学生出现不道德网络行为是由于网络道德认知失调引发,那么要想培养大学生的网络道德认知,亟须唤醒大学生的自主意识。外部的力量不能强迫网络主体进行道德教育,只能通过其内在的善恶、是非道德观念的冲突,也就是大学生基于自己的隐性道德需求而进行的自觉道德行为。提高大学生的网络道德意识和识别能力,有助于他们养成良好的网络行为习惯、网络道德品质等基本素质,这是促进大学生知行合一、提高大学生网络道德人格的内在驱动力。互联网上的资讯纷繁复杂,外来文化和思想的影响与挑战日益严峻,信息的极速传播使得身心发展尚不健全的大学生在价值判断和抉择中往往处于被动的地位。因此,大学生必须以辩证的批判性思维对网络信息进行分析、辨别、接收,从而做出正确的判断,自觉抵制虚假、暴力、色情等不良信息带来的负面效应。首先,应该以党史学习教育为切入点,可以通过学生党员干部来对学院、班级的同学进行党史学习教育动员,通过学生党员讲述自己的学习体会及理解,带动周边大学生对于党史及社会主义发展史的学习热情,引导他们真正领悟中国共产党为什么能、马克思主义为什么行、中国特色社会主义为什么好,进一步思考为什么只有马克思主义行,只有中国共产党能,从而培育大学生树立制度自信、文化自信、理论自信、道路自信。

其次,进一步引导大学生对我国优秀传统文化、马克思主义、马克思主义中国化的最新理论成果、习近平新时代中国特色社会主义思想产生自信,自觉在网上网下同历史虚无主义等不良观念作斗争并加以抵制,进一步认同社会主义核心价值观,并理解其真谛。最后,通过不断的理论学习武装头脑,使各种正确指导思想入脑入心,提高自身的道德自觉认识,内化于心,进而鞭策个人进行正确网络行为,合理规范地利用网络媒体进行网络活动,达到提升自身网络道德认知和辨识能力并最终提升网络道德水平的目的。

2. 榜样示范:强化自身的网络道德情感和责任意识

榜样示范是一种群体的自我教育形式,网络道德榜样示范教育打破传统的"他律"式教育,突出强调同龄人间的"朋辈效应"。因此,在大学生网络道德教育的榜样甄选产生机制中,应注重发挥优秀学生及学生党员在大学生群体中的先锋模范带头作用,通过校园身边好青年、校园网络道德模范标兵、网络文明志愿者活动等校园网络道德模范的示范作用,带动整个校园网络道德风尚向好发展。

榜样的示范性功能与教育意义,首先在于他的形象是具体的、真实的,是发生在每一位大学生身边的,因此这样的榜样具有鲜活的感染力与说服力。通过榜样教育可以充分发挥朋辈群体的教育功能,引起大学生的情感共鸣,以此引导大学生"见贤思齐",吸引其他非党员大学生不断向道德优秀的学生党员靠拢,从而产生"榜样能为,我亦能为"的心理认同和道德自信,认可榜样的行为并进一步吸收内化成为自己的网络道德准则,通过身边榜样"以一带多"模式的正向影响,日积月累,大学生在潜移默化间养成了自己的道德行为习惯,加强了对网络规范的认同,从而提高了自己的道德情操和责任意识,而道德模范榜样在指导影响身边大学生的过程中会因为责任意识从而更加注意自己的网络言行,实现与身边大学生共同进步的互利共赢的局面,形成互帮互助、共同发展的积极的校园网络道德生态。

3. 自我教育:规范自身网络道德行为,自觉遵守网络道德

自我教育是实现德育目标的重要手段之一,古今中外皆高度重视发

挥自我教育在个人成长成才中的重要作用。① 德育教育学将自我教育定义为："以自己为教育对象，通过自觉、主动的自我锻炼、自我完善，达到提高自我修养目的的教育活动。"② 在大学生网络道德自我教育过程中，主体和客体均是大学生本人。这就要求大学生由被动到主动、从依赖到独立吸收内化，再到实践外化，在教育过程中不断实现自我管理、服务和监督，最终实现自我提高。

网络空间的开放性、跨地域性、隐蔽性、去身份化等特征间接决定了网络主体不道德行为的监管难度较大。因此，良好的自律意识是大学生进行自我教育的关键，将儒家"慎独"思想融入大学生网络道德自我教育中，引导大学生将他律转化为自律，培养网络道德自律意识，逐步进行自我教育，进一步规范自身网络行为，提高网络道德水平。这种将我国传统文化中的思想精华结合新时代背景，对新时代大学生开展网络道德教育在形式和内容上都是一种创新。儒家"慎独"思想包括慎微、慎辨、慎欲、慎言等，对此，可以分别从慎微、慎辨、慎欲、慎言提出大学生网络道德自我教育对策。

（1）以"慎微"思想提高网络行为底线意识

"慎微"思想指从行为的细微之处严格要求自己，防微杜渐，引导大学生不能因为做出某些网络不道德行为的危害较小就因此不重视，不及时自省，纵容自己。以此不断提高网络行为底线意识，与一切不道德网络行为划清界限。

（2）以"慎辨"思想培养网络信息甄别能力

"慎辨"指人们在独处无人注意的时候能够通过自己的思考去辨别事情真伪、善恶，面对泥沙俱下的网络环境，极速传播、不明来历的虚假信息遍布网络空间，大学生可以通过培养"慎辨"思想来提升网络空间信息甄别能力，避免间接成为谣言传播的帮凶，付出违法代价。

（3）以"慎欲"思想提升网络行为控制能力

"慎欲"思想即要求大学生正视欲望，对欲望加以节制，不要被欲望所左右。为此，通过"慎欲"思想的自我教育，可以提升大学生在面对欲望时的掌控能力，自觉地克制欲望，进一步做出正确的网络行为选择，

---

① 银花.浅谈大学生自我教育能力的培养[J].内蒙古民族大学学报,2009,15（1）:71-72.

② 德育教育学原理编写组.德育教育学原理[M].北京:高等教育出版社,2016:242.

自觉地遵守和践行网络道德行为规范。

（4）以"慎言"思想提高网络言论评价水平

"慎言"思想指导我们即使在独处的时候也要注意自己的言论和说话方式,言行应小心谨慎,由于现代生活快节奏带来的生活压力加之网络交流的匿名性和隐蔽性,使得网络空间中不文明语言和不诚信交流的出现频率和现象极为广泛,愈演愈烈,甚至发展成为带有人身攻击性质的网络暴力行为,这些行为极大地破坏了网络环境,放大了网络的负面效应。进行"慎言"教育有助于提醒大学生在网络交流时要谨慎发言,在进行评论时客观公正,遵守网络语言的交流规范,自觉地做网络言论文明规范的践行者和传播者,提高网络言论评价水平。

可见,自我教育是一个持久性的工程,教育成效短时间内无法量化,因此可以通过以上做法助力大学生形成良好习惯,一旦养成好的习惯,那么大学生的自我教育就会由被动上升到主动,从依赖到独立,进而不断实现自我管理、自我监督、自我提高,最终树立牢固网络自律意识,养成良好网络行为习惯,实现肉眼可见的网络道德水平提升。

（二）营造良好的家庭网络道德教育环境

家庭对于大学生网络道德水平有重要的影响作用,家长重视家庭网络道德教育,则大学生网络道德水平较高,反之,家长不重视家庭网络道德教育,则大学生的网络道德水平偏低。由此可以进一步看出加强家庭网络道德教育对于提升大学生网络道德水平的重要性。家庭对大学生的道德具有启蒙作用,开展大学生网络道德教育,家庭环境至关重要。一方面良好家风能够涵养大学生网络道德,另一方面家长对大学生网络行为的监督管理和网络道德习惯的培养,能够帮助大学生规范网络行为习惯,培养大学生健康积极的网络道德行为意识。

1. 转变家长教育理念,形成良好家风

良好的家风有助于德育的开展,德育是人成长成才不可缺少的教育内容与手段。遗憾的是目前家长重智育、轻德育的现象十分明显,一味地关注学生的知识学习和智力开发,似乎考入好大学即是孩子人生奋斗的终点和一切幸福的起点。部分家长的教育观念也存在偏颇,并没有对孩子的道德教育产生足够重视,更无从谈及对孩子进行网络道德教育。

为此,家长应转变教育理念和自我观念,了解并重视网络道德,创新教育方法。加强家庭教育对大学生网络道德的正向影响,家长的言传身教不可或缺。家长应规范自身网络言行,以身作则,充分发挥榜样示范作用。家长必须认识到自己的教育责任以及言传身教的重要性,在生活中自觉遵守道德规范,践行社会主义核心价值观,在现实环境中自觉做到不信谣不传谣,良好控制情绪,使用文明用语,远离色情、赌博等垃圾网站,形成良好家风,引导孩子树立正确的道德观念,对大学生进行潜移默化的网络道德教育。

2. 加强家庭监督管理,生成良好网络行为习惯

网络虽然是个虚拟的空间,但并不是法外之地,也不应成为道德的真空地带,对于大学生这类特殊网络群体,虽然已经年满 18 周岁,成为法律意义上的成年人,但毕竟年龄小,社会阅历太少,他们的自制力不强,思想不够成熟,意志不够坚定,极易发生跟风现象。在不知不觉中,就会受到网络谣言的蛊惑,做出不道德的网络行为,从而一步步走向道德的对立面。家长作为孩子的监护人与第一责任人,应提高责任意识,明确自己不仅仅是管理者,更应该起到行动的表率作用。首先,家长应充分注意自己在网络空间的言行、重视树立正确网络道德观念才有可能正确教育引导孩子。应重视孩子网络道德的培养,关注孩子在网上聊天、观看电影、玩游戏等网络活动中是否存在网络失信、网络宣泄等不道德网络行为,并合理控制孩子的网络开销,防范大学生在网络上参与不道德活动,提前预防,加强监管,从源头遏制大学生不道德网络行为的发生。

此外,家长尤其需密切关注大学生的上网时长,对大学生的上网时长进行合理约束。当孩子上网时长过长,出现网络沉迷和依赖倾向时,家长应及时进行提醒,并通过进行户外运动、家务劳动等方式来转移孩子注意力,防范网络成瘾。大学阶段是个人思维方式、价值观念形成的重要时期,孩子可能会对一些社会现象、人或事物存在不同的观点和看法,此时,需要家长密切关注孩子的内心动向,当发现孩子出现不道德网络行为倾向时,应及时主动地和孩子进行沟通,了解情况,并对孩子讲明不道德的网络行为的危害及可能带来的严重后果,引导孩子正视不道德网络行为,提高孩子的网络不道德行为风险意识。同时,应注意在进行家庭网络道德教育的过程中,也要注意积极听取孩子的意见,尊

重孩子的看法,不可以一味地强制和灌输,这往往会激起孩子的逆反心理,引发孩子的反感情绪,适得其反。应在和谐、轻松、平等的氛围下对孩子开展网络道德教育。同时,也要注重孩子在现实环境中的正确道德意识的养成和良好行为习惯的培养,不断提高孩子的网上网下道德认知,进一步促进孩子网络道德意识的形成,助力良好网络行为习惯的生成。

(三)发挥高校网络道德教育的主阵地作用

当前,高校肩负着人才培养的重要使命,同时也是进行网络道德教育的主阵地。大学生网络道德教育是培养大学生网络道德观念、规范其网络道德行为的一种教育实践。在这一实践进程中,高校教育者居于核心位置,也是落实立德树人根本使命的关键责任主体。高校及教师的教育观念与教育方式,直接关系到提高大学生网络道德教育的成效。为此,高校应重视网络道德教育,并积极采取行动,教育者应适应时代发展需求,与时俱进,切实以需求为导向,结合大学生心理特点、网络道德现状,以大学生易于理解接受的方式开设网络道德相关课程、创新教育形式及内容、营造校园良好风尚等,建立健全大学生网络道德教育工作制度,提升网络道德教育的实效性、针对性,不断引导大学生做到规范上网、健康上网、文明上网,树立起网络道德规范意识,实现立德树人的根本任务。

1. 提升高校对网络道德教育的重视程度

当前高校"应试教育"观念依然严重,部分高校对于毕业生的要求是通过四六级,发表学术论文,以成绩排名评判学生的个人能力;以课时数、课题和论文数量评价教师教学成果;以专利数量作为评价各高校科研水平和综合实力的评价标准依然是教育界普遍认同且高度执行的基本准则。这种"唯结果论"的教育心态影响了高校的培养方案,为达到理想的毕业率与就业率,高校更多地关注学生的专业素质,忽视素质教育的培养,这也就背离了教育立德树人的根本宗旨,也造成学历与素质的严重不对等。近几年发生的严重网络失德事件无一不在提醒我们,高学历未必带来高道德,盲目追求学历的极致化,唯学历论,极易造成极端功利主义、个人主义盛行,引发道德崩塌,带来严重后果。为此,加强高校网络道德教育实效性,首先需要提升高校对网络道德教育的重视程度。高校需将网络道德教育放在落实立德树人根本使命的任务部署之中,充分认识到网络道德教育的必要性与紧迫性,从校领导层面转变"重智轻德"教育观念,作出顶层设计。其次,在教学设计中,可以通过专业课针对性渗透网络道德教育相关内容,发挥课程思政功效,与德育课程形成育人合力。最后,应进一步明确高校网络道德教育者不单单局限于高校德育课教师,而是以德育理论课教师为主,与班主任、辅导员、党团支部书记、其他专业课教师、家长协调配合,形成联动机制,以上每一位教育主体都应重视自己立德树人、铸魂育人的使命任务,而不是什么都交给德育课教师负责,课程可以由德育课教师负责,但是大学生的日常上网习惯,网络道德状况仅凭德育课一周两学时的 90 分钟是远远无法掌握的。受限于自身学历和专业知识,大多数家长希望也相信孩子在校园可以接受全面系统的道德观念教育,试想,如果以上教育主体均觉得这不是自己分内之事,那么,大学生的网络道德教育如何推进,究竟由谁来负责,网络道德如何提高。

因此,应该充分发挥班主任、辅导员、学院党支部、团支部书记的作用,通过与同学谈话沟通,同学反馈,主动掌握了解每一位学生的网络道德情况,进一步上报学院,由学院根据自身实际召开会议或是与学生单独进行谈话了解,制定进一步的针对性对策。家长和班主任、辅导员之间也应该加强沟通,班主任、辅导员从家长处及时了解大学生在家期间的网络行为状况,家长从班主任、辅导员处了解大学生在校期间的网络行为习惯。为此,网络道德教育者之间应转变观念,打破分工壁垒,主动关心关注大学生的心理健康状态以及网络道德现状,在大学生思想观念、价值取向、精神面貌定型的关键时期,负起责任,充当好引路人的重要角色。

2. 开设网络道德教育课程

进行网络道德教育最直接有效的形式便是开展网络道德教育相关课程,大学生网络道德水平在不同年级呈现不同的表现,随着大学生年级的上升,网络道德水平也会随之降低,因此在大学生低年级时开设网络道德教育课程符合大学生自身特点和成长规律,有助于提升网络道德教育的实效性。现阶段开展网络道德课程迫在眉睫,但真正开设网络及网络道德相关课程的院校却寥寥无几,针对此现状,确定网络道德相关课程的教学目标及教学内容尤为关键。

（1）教学目标方面

结合大学生自身发展特点，可以从以下三个方面制定网络道德课程的教学目标。

首先，引导大学生坚定理想信念。理想信念是每一位公民的立身之本与奋斗之源，也是克服艰难险阻，抵御各种风险诱惑的精神根基。大学生正处于"三观"确立成型的关键期，只有树立了坚定正确的理想信念，才会自觉抵制网络空间的负面舆论和消极思想，才能永远保持朝气、锐气、正气，才能把实现崇高理想的伟大事业不断向前推进，成为祖国和人民信任的社会主义建设者和接班人。

其次，促进社会主义核心价值观入脑入心。必须巩固马克思主义在意识形态领域的指导地位始终不可动摇。进一步引导大学生从公民层面自觉践行社会主义核心价值观，做到时刻以振兴中华为己任，自觉促进民族团结，维护祖国统一；信守承诺、诚恳待人、友好和睦；做到网络空间与陌生人相互尊重、互相关心、诚信待人，自觉为改善网络环境作出自己的努力。

最后，通过网络道德教育培育大学生网络道德法治意识。大多数大学生对于网络空间应该遵守何种具体道德规范及法律并不清楚，开展网络道德法制教育课程可以引导大学生树立正确的网络道德法治意识，从而做到知法、守法、懂法，依法上网，对于维护网络秩序、防范大学生网络犯罪的发生大有裨益。

（2）教学内容方面

首先，应对大学生进行爱国主义教育。爱国，是中华民族血脉中最深厚的情感，爱国主义是一个永恒的主题。因此，可以通过组织观看《厉害了，我的国》《最美逆行者》《长津湖》等主旋律电影、纪录片，以大学生更乐于接受且富有感染力的教育方式激发大学生情感共鸣，也可以将爱国主义与国家网络安全紧密结合，进一步激发大学生爱国主义情怀，提升爱国主义教育的实效性。之后的课程中也应将爱国主义教育贯穿于网络道德教育工作始终，并不断创新爱国主义教育的表现形式。

在引导学生接受爱国主义教育后，可以相继开展中华优秀传统文化教育、党史学习教育、诚信教育，引导大学生明确我们今天所要求的网络道德从何来，让他们深刻理解，网络道德不是凭空出现的，而是有其丰富理论渊源与现实意义的。通过党史学习教育，提升大学生对于中国共产党为什么能、马克思主义为什么行、中国特色社会主义为什么好的领会能力,引导大学生达到爱国、爱党、爱民族和爱社会主义的高度统一。通过诚信教育,督促大学生反思自己是否存在网络失信行为,树立良好网络交往观念,进一步规范自己的网络言行,提高网络道德意识。

在开展了网上主题教育后,应该对大学生展开网络法律法规普及教育,很多大学生均表示愿意主动遵守网络道德规范,但对于应该具体遵守何种法律规范并不清楚。因此,普及网络领域相关法律规定就尤为重要,网络言行不能突破法律和公序良俗的底线,要在法律法规的框架下合理运行。唯有认真学习法律法规,深化大学生在网络空间中的法律意识,引导大学生进一步明确网络不是法外之地,违法必究!同时,在大学生了解了相关法律法规后,也会更加清楚网络不正当言行的犯错成本,从而倒逼大学生自觉遵守法律法规,自觉远离"网络喷子"、网络暴力、网络谣言等网络不道德甚至网络违法行为,树立网络道德规范意识,达到规范自身网络言行、提升网络道德的根本目的。

3. 营造良好校园网络道德氛围

校园网络道德氛围对大学生网络道德的影响是巨大的。高校应开展丰富多彩的网络道德宣传活动,营造健康向上的校园网络道德氛围。校团委组织可以举办校园身边好人、校园网络文明志愿者、校园网络道德标兵评选等活动,引导大家了解榜样,进而向榜样学习,充分发挥榜样教育意义,并充分利用校园网站平台、公众号等官方平台进行推送宣传,扩大影响力。也可以引导学生通过个人的抖音账号、哔哩哔哩账号、微博账号在同学间、兄弟院校间进行活动宣传,可以进一步增强宣传效果,弘扬优秀网络道德。也可以通过开展网络道德知识竞赛及辩论赛等形式,普及网络道德及相关法律规范,引导大学生树立网络道德法治意识。也可以通过成立网络中心社团,举办丰富多彩的社团活动,设立校园网络文化周等,以年轻人乐于接受的形式,潜移默化地开展网络道德教育,传播正向网络道德观念,营造良好风尚。通过开展校园文化活动,提升网络道德观念在大学生间的传播范围、速度,推动网络道德观念入脑入心,在校园逐步形成人人崇德、人人守德、人人向德的良好局面,在营造良好校园网络道德氛围的过程中引导学生进行自我教育,提升校园网络道德教育的成效。

第二节　校园环境下的高校德育工作实践

　　校园环境是高校德育一个不容忽视的因素。大学生大部分时间都处在校园环境之中,不论是生活还是学习,都必然受到校园环境的影响。高校德育的开展,需要对校园环境给予充足的重视,这样才能将高校德育落到实处。

一、高校德育环境下的以德治校

　　一般来说,由于学校中"德"有不同的载体,因此可以将道德划分为"师德""官德""生德"三大类。"治"指的是统治、研究、治理、惩罚等。将二者合并使用,意味着道德能够凝聚人心,感化师生,从而对校风进行规范。就本质意义而言,以德治校的目的在于以德育人。

　　以德治校的主体一是学校的领导者,他们掌握着大量的教学资源,不仅是以德治校责无旁贷的主体,更是以德治校的核心。二是教师,教师自身的修养会对学生产生潜移默化的影响。教师的言行也是学生最好的榜样,是学校向学生施加道德影响力的核心要素。

二、以德治校对高校德育工作的意义

　　首先,以德治校的总体目标和体制为高校德育工作提供方向指引,使高校德育工作的渠道更加多样。以德治校的方针一旦在高校成为目标,作为以德治校载体的德育工作就有了要求与平台,有助于形成学校德育工作的合力,从而极大地构建德育工作的主体地位。

　　其次,以德治校有助于高校德育工作不断完善与发展,从而促进学生个体的健康成长。以德治校的本质在于以德育人,对领导者、教师、学生养成高尚的道德品质有了较高的要求,从而不断地提升他们自身的管理意识,提升自身的道德品质,也保证了高校德育工作的顺利前行。

最后,以德治校为高校学生德育工作开拓了更为开放、优越的环境。在以德治校的总体机制中,校园内的一切都是围绕这一出发点来展开的,这不仅符合思想工作无处不在的特征,也为思想工作的推行创造了条件。无论是校园基本设施,还是人文环境塑造,都为高校学生道德素质提升提供了条件。

第三节　院校管理下的高校德育工作实践

一、质量评估管理与高校德育工作

(一)高校教育质量评估体系构建

1.高校教育质量评估的意义

(1)国家教育行政部门转变职能的需要

教育质量评估是加强高校管理的有效手段之一。随着我国教育的不断发展,教育体系也不断完善,教育领导部门的职责也由原来的主导各大高校逐渐转变为对高校进行宏观调控和监督。通过对教学的评估和调控,能够让各高校更加明确自身的办学理念和未来的发展道路,让各项工作井然有序。同时,高校也要从评估中不断积累经验,改变原有教学的思维定式和不足之处,在确保自主权得到充分发挥的情况下,开办符合法律和社会要求的教学。[①]

(2)提高整体办学水平、保证教育质量的需要

随着社会的不断发展,我国高校教育也逐渐普及。各大高校纷纷扩招,在校人数逐年增加。但在人数激增的背后,高校的教育质量和人才培养都出现了一系列问题。要整体提高高校的办学水平和教育质量,必须要充分发挥出高校自身的优势和特长,规范教育管理,不断改善现有

---

① 王卓.高等教育质量评价研究[M].长春:吉林大学出版社,2016:156.

的教学环境和条件,解决存在的一系列问题。教育部也在不断鼓励各高校能够通过教育质量评估,找出自身存在的问题和不足,通过教学改革促进教学发展,找到一条能够协调发展的有效途径,开办规模、结构和教育质量都符合社会发展的满意教育。此外,开展正确的教育质量评估,可以增加高校对于教育特色化的重视程度,在处理各种问题时重视教育教学问题,以发展促改革,稳步提升学校教育水平,不断完善学校的教育程序。

（3）深化改革,促进教师成长,加强高校与社会联系的需要

要确保教育质量得到提升,必须进行教育体制改革。开展质量评估有利于高校通过评估发现问题,从而进一步审视自身存在的不足,并进行相应修正和调整。不断深入教学体系的改革,促进教学工作的开展,能够在一定程度上发展高校教育,这是不断深化教育改革的动力所在。此外,通过开展教育质量评估,高校也能够更深层次地认识自身的存在价值和意义,不断提高工作开展的积极性。因此,教育质量评估是一种宏观调控的有效手段。在教师发展方面,教育质量评估也可以激励教师不断提升自我,成长成才,为高校培养出一大批经验丰富、素质过硬的优秀教师。高校教育的结果必须满足社会企业和人民以及学生对于技术发展的需要,才能为教育的发展提供源源不断的动力和源泉。教育质量评估也需要相关部门搜集信息并进行及时反馈,通过反馈进一步完善自身的教学管理体系,为社会发展培养优秀人才。因此,教学质量评估也能起到保持社会和高校密切联系的作用。随着中国的国际地位不断提升,与世界各国的联系也不断深入。我国高校教学不断发展,也会促进中国教育和其他国家的教育不断发展进步,推动世界教育整体向前发展进步。

2.高校教育质量评估的现状

（1）行政干预偏重

现阶段我国高校教育评价体系政府参与明显,这一现象在具体的评价过程中既有优点也有不足。如果政府能够利用自身权威性的身份,将各方力量对高校教育的期待与需求及时传递给教育评价机构,便能够有效推动评价标准的制定和评估工作的快速进行。但是我国经济形式的不断变化也影响着教育评价工作的进行,经济发展越来越要求有更多的专业技术型人才,因此企业将发展的目标指向了高校教育领域,所以要

建立新的教育评价主体,这一主体要体现社会就业对于教育的需要而不只是体现政府力量作用于教育的影响。如果能够丰富教育评价过程中的主体参与,教育评价过程将更有针对性,学校也能更信任其评价结果,以此来改进学校专业领域的设置和课程结构,同时不同主体之间的协调能建立符合大多数人利益的评价标准。①

最初我国教育评价活动是由政府带头进行的,这一决定对于改进高校教育状态来说是正确的。但是,我国教育评价活动的开始时间落后于西方国家,来不及进行系统的知识理论研究就将评价体系应用于高校,在实践操作的过程中存在评价技术无法解决的问题,因此需要我国专业学者进行深入的研究和学习才能解决。目前我国处于政府领导下的教育评价状态,对于高校改进教育是有一定进步作用的。由于传统观念和现实需要,国家对高校教育的行政干预被普遍接受,高校高度服从国家管理。但质量评估缺乏科学可靠的理论指导,评估工作停留在表面,无法深入到教学内部,无法真正检测教学质量,会减少人们对于第三方教育评价机构评估结果的信任度。

由于政府教育部门直接主导高校的教育发展方向,所以对于高校教育进行质量评价离不开政府。如果政府能够减少参与教育评价过程,社会和群众力量就有机会对评估机构提出自己的建议和需求,使教育评价工作真正走向专业化发展。另外,如果能为高校寻找到新的教育资金投入者,高校就能走出政府的附属部门的范畴,有效减少高校模式化发展的现象。同时对教育评价过程应该建立相应的独立监督机构,不能让同一主体反复干预正常的教育评价工作,教育评价工作本身应该是客观的,不应成为某一部门的主观性的思想反映,应该加强社会力量参与到教育评估工作过程中,反映民众的意见和需求。

接着应该改变教育评价工作的主体,教育评价过程中的各个主体其地位应该是大致相同的,不能出现一方领导另一方的情况,虽然高校是被评价的一方,但是高校也应该有成员参与到教育评价小组成员中,可以及时跟进评价过程,了解高校的不足,不能只被动接受同一标准的评估,被动地接收政府自上而下的评估结果,院校的主体地位没有得到体现。

---

① 秦桂芳.我国高等教育质量评估存在的问题、对策与思考[J].国家教育行政学院学报,2009,143(11):24-27.

我国目前对于高校教育的评价仍处于初期发展阶段,在不断变换政策的过程中难免存在一定问题,如果政府能将教育评价所用的高校专业统计数据和具体的评价计划、评价流程公布于众,会大大增加人们对教育评价结果的信服力,要改变目前教育评价工作的死循环模式,应该将评价机构对于高校的检测结果定期向社会公示,给予学生和社会一定的参考性。如果能够根据社会意见形成新的教育评价模式,会加强高校与社会和企业之间的交流,增加高校发展特色化专业的可能性。

(2)社会中介力量较弱

我国目前的经济体制是计划经济和市场经济共同控制市场秩序,这对教育评价活动的影响是教育评价机构从政府教育部门处获得运营资金,而教育评价机构本身有其他的评价主管部门,所以从实际来说教育评价机构有两个管理主体,在对评价机构实行具体政策时会存在一定的秩序混乱问题。所以,针对目前教育评估工作中的主要问题应该采取以下措施:减少政府部门的教育政策对于评价机构评估工作的干预,如果能够将评价权力真正放权于评估机构,评估机构运行体制会更加灵活,评价方案的制定也更能跟得上实际发展的需求,我国的教育评价体系能够更快地发展。因为目前政府教育评价权力过于集中,所以评价中介机构离开政府之后缺乏运营资金且发展受到一定限制。虽然现在对外已经承认了第三方评价机构的地位,但是在具体评估过程中对高校专业和课程的检测作用发挥得极少。

由于教育评价机构尝试建立属于政府教育部门,在人们心中都默认其管理机构是政府,所以在制定教育评价法律时极少对教育评价的中介机构进行规范。只是在几部寻求教育改革的文件中提到了建立评价机构的重要性,这几部文件的中心思想是提高社会力量参与教育评价工作的占比,将高校教育工作与社会思想基础之间的关系拉得更近,将教育评价的权利交给中介机构,减轻政府部门的工作压力。我国目前进行教育评价改革的方向也是依据这几部文件的思想进行,同时还提倡鼓励私立教育评价机构发展,开展对高校专业教育的评价工作,提高社会民众和政府对于教育评价工作重要性的认识,提高教育评价组织的领导人的社会地位,不再将其隶属于政府部门下,将教育评价工作真正独立出来,评价过程不受任何力量的干扰,同时结合我国新型教育特色和教育理念,建设带有中国特点的教育评价体系。

（3）评估标准单一化

我国针对高校教育评价体系的不同发展阶段会出台相应的评价方案和评价文件,现阶段的教育评价方案是对各种类型的高校进行统一的成绩性评价,不针对高校开展的个性化民族性的专业展开其他的评价,也不在乎所评价的高校教育基础处于同行业中的何种水平,这种方式在一段时间内保证了我国教育评价体系的平稳运行。但是也导致了一定的问题,高校的特色化专业得不到有效的评估,高校培养人才的方向只能根据评价机构得出的评估结果进行发展,导致目前各高校所培养出的人才学习内容一致且发展方向一致,学生缺乏个性化的职业发展特性。目前,针对教育评价的标准应该进行改进,政府和社会相关机构如果不能将教育评价的标准立足于高校本身,那教育评价标准还是缺乏针对性,要在充分了解各高校历史文化底蕴和相关专业变动的基础上,将各高校进行基本分类,这一步骤是必须进行的,因为分类之后不同类型之间才会有参照比较,同一类型的可以采用相同的评价标准。在我国后来颁布的教育文件中有相关理念符合我们将要建立的教育评价标准的概念,里面提出要建立起适合的评价标准就要先从评价的目的考虑起,对高校教育进行评价本身就是为了帮助高校找到自身教育的不足之处,帮助社会和企业找到符合自身要求的技术和志士仁人,共同促进国家经济利益的整体提升。

在世界各国之中教育评价体系较为发达的是美国,之所以美国的教育事业如此发达,是因为美国的经济基础较好且有足够的资金投入教育领域,并且在不同的发展时期采取了合适的政策,以美国不同种族自治为基础,各地区教育政策和教育评价制度都根据地区经济状况、受教育情况和民族文化的不同采取不同标准,各地区的教育评价政策都能有效促进高校教育的发展。我们可以从美国成功的教育评价体系中学习经验,如果我国政府能够减少对教育评价过程的干预,评价机构能够根据高校历史文化渊源和专业设置的不同采取不同的评价政策,就能改变我国目前高校专业向同一方向发展的现状。

我国目前发展高校教育评价体系不能再将评价标准固定化,应该根据各个学校的特点发扬优势和地域文化,结合世界各国经过实践检验的先进教育理念,不断完善我国的评价体系和教育体系。如果我国政府不能够建立不同层次、不同类型的学校评价标准,那高校培养人才还是固定的模式化,不能体现人的个性特点,我国教育评价体系仍旧会停滞不前。

（4）评估经费分配不足

世界各国的第三方教育评价机构都是以政府的项目性投资为主要的资金来源，同时政府还要参与高校教育评价目标的制定，教育评价机构便会自然而然成为政府的下属部门。在这一过程中，第三方评价机构会出现由于政府资金没有及时注入其内部而产生问题。如果政府对给予评价机构的资金合理使用，就能减轻评价机构之间对于评价项目的竞争，有利于将教育评价资源平均分配给各个评价机构。目前政府需要改变资金投放政策，不能因为大学等级高低不同就投放不同的资金，会给各个大学造成一定的发展负担，也不利于地区教育资源均衡分配。

从我国发展高校教育评价体系至今，存在以下特点：政府承担评价机构的所有支出，在让评价机构没有后顾之忧的同时也对评价行为产生干扰，使第三方评价机构的评价行为不能起到真正的作用。目前我国针对高校教育评价体系最应该做出的改变是：减少政府对于第三方评价机构的控制，对于评价机构，应该丰富其资金来源。因为目前给予第三方评价机构的资金都是由固定部门的官员进行下放，在这一过程中由于人是具有随意性的，并且人的思想可能会受到其他因素的干扰随时发生变化，使其不能坚持原本的正道思想，会导致将国家教育评价资金占为己有的现象。在官员内部建立合理的评价资金监督机制和立法规定，能够减少人员的不正当行为，保障评价机构的鉴定结果，对高校改进教育有促进作用。

如果政府对于我国教育评价机构投入的资金充足，那公益性的评价机构和商业性的评价机构就没有本质上的区别了，二者都是对高校教育和专业进行技术评估的组织，不会使教育评价活动由于资金不足而被迫在本质上产生变化。由于第三方教育评价机构评价过程中资金支出较多，所以如果没有政府部门的支持评价机构大多运行不动。我国对教育评价过程中的资金支出进行了改动，对于被评价一方大多数对象是高校，对其收取一定的服务费用来减轻评价机构的资金压力。如果将第三方评价机构的评估人员工资不由评价机构给予而转由政府为其开工资，能够大大减轻评价机构运行的负担，这样评价机构就只需要负责每次评价出行的费用和中间产生的成本，教育评价机构就不需要依附于任何资金方，成为真正独立于任何势力之外的检验评价机构。解决了第三方评价机构的资金问题，就会减少许多公益性的评价机构经营失败的现象，成为真正对高校、对社会有用的教育评价机构。

（5）评估结果存在主观性

如果不能对学校提供的评价材料的真实性做出有效的判断，下一步工作就无法进行，再加上教育评价机构的专业人员并不认真检查相关文献，那教育评价检查的文件内容可能并不符合高校专业本身，阻碍社会对于高校教育专业性的认识。如果政府能够将高校具体的教育信息公开给第三方评价机构，就能够有效减少评价过程中信息传递的麻烦，能够保证学校提供的评价材料的真实性，同时确保评估结果的有效性。在我国教育评价过程的进行中应该将各主体之间消息传递的时间缩短，同时应该禁止各方面专业人员的随意发挥，尽量将所有评价条款落实于书面，增加教育评价结果的可信度。如果能将评价过程控制得松紧适度，那么评估人员就既能在一定限度内发挥自己的主观意识，评价标准又有相关规范。

社会上普遍认为学校将第三方评价机构需要的学校内部的相关材料准备好后，评价机构的评估人员不能在规定的评价时间内阅读完学校提供的专业材料，这样对于学校专业的评价就是片面的，但是目前的高校教育评价现状就是如此。如果学校不提供详细的专业记录资料，就被视为学校不配合教育评价工作，但是学校将多年的专业历史资料拿出来后，也为教育评价工作增加了一定难度。如果对高校专业的评价检查工作不能够更加高效地完成，是变相地对评价人员增加更多工作压力，也是增加评价过程中的难度。对高校进行某一方面的评价是有具体的时间限制的，所以不可能详细地去看学校提供的所有材料，评价机构只能根据学校提供资料的详细程度来评价学校是否具有专业性。但是在这一过程中也产生了一个弊端，即高校有可能在教育评价的过程中提供虚假的信息材料，从而在评价结果中得到一个较高的满意度。

在我国评价机构评估学校的过程中发现了一些问题，评价机构针对学校的不同专业会聘用不同的评价人员，这些人员多是临时组成的评价小组，评价人员之间缺乏配合，评估过程会出现一定重复的现象，评估工作效率被降低。如果评价机构事先不与学校沟通评价标准，其评价结果可能不满足于学校对于自身专业的要求，所以应该和学校预先进行沟通制定出评价标准。同时，一种教育评价标准不应该适用于所有被评价的学校，学校内部会有特色化的民族课程等特殊的地方，针对这些部分不应该采用模式化的规定标准，如果不能及时改正评价结果，则会出现

新时代高校立德树人方法与实践研究

200

不贴合真实情况的现象。

（6）高校教育评估法规体系不完备

目前，世界各国发展高校教育已经不能仅仅满足于对高校教育体制本身做出改动，逐步开始向将其评价过程以立法形式做出规定。经过许多国家的实践评价检验，证明将第三方评价机构的评价过程规定于法律之中，能够明显增加评价人员对自身专业能力的提高。在这种状况下，我们能够发现我国关于规定评价过程、评价方式的立法存在明显的缺失，我国应该跟上国际教育评价机构形式的发展，弥补我国关于此方面规定的不足。

一是关于教育评价过程性的法规条文较少。我国在早期发展高校教育时领先于其他国家提出对教育质量采取检验评价制度，但是我国还没有形成将评价制度确立于法律之中的概念，如果我国还不能针对这一情况加强对教育评价制度的立法规定，会使第三方评价机构评估过程过于松散，人们对于评价机构的评估结果缺乏一定信任度，使我国目前对于高校教育评价体系的建设停滞不前。一开始我国有过一部与教育评价相关的法律规定，但是此规定颁布时间久远，而且制定法规时教育政策的发展远不及现在教育形势的变化大，所以在此规定之中有许多相关条文不适用于现在的第三方评价机构评估过程，需要新的教育评价法律来规范评价过程中各主体的行为。目前人们对于评价法规的了解主要是通过法规中对评价人员、政府教育部门、高校相关专业进行具体内容的规定，将这几方力量的责任边界确定清楚。

二是目前现有的评价过程的法规具体语句指向不清楚，在实践过程中由于主体对法规的解释不同，导致无法达到同一评价标准。在各国关于教育评价法规制定的过程中，都会制定一份纲领性的法律和细则性法律，会重点注意教育评价法规实际操作的可行性，纲领性法律用词具有专业化的特点，在总体上对各项教育评价过程进行一定约束，细则性法律对评价过程中涉及的具体问题进行较通俗性的解释。在制定教育评价法律时要重点对评价过程中的评价机构人员职责进行明确规定，同时也要将评价标准落实于评价法律之中，保证评估工作进行时的流程和方法固定，结果具有可信度。而且，这些教育评价法律规定一旦确定下来就需要有关部门监督其执行力度，不能只是制定法律，要将其实际应用于教育评价过程中。

3. 高校教育质量评估体系的构建策略

（1）转变政府职能，加强宏观调控

我国从发展高校教育改革以来，将高校教育的一切工作都视为与行政工作同等地位，对为高校教育进行教育评价的工作也非常重视。对于教育评价工作和高校教育发展如此重视还有另一个原因，就是高校教育发展的主管部门和教育评价标准制定的部门都是政府，一旦有政府参与的活动就必须严谨对待。让政府参与高校教育活动的各个方面，既有好处也存在不足，因为我国目前的经济政策是希望加大社会市场对于经济的自主调控力，这种经济发展理念也影响着我国教育发展的过程，提倡政府减少对于高校教育活动的干预。政府可以参与教育活动，但只适合作总体政策流程的把控者，不能深入教育评价过程的具体环节，政府如果想要有效地发挥自己的教育权力，制定真正对高校有作用的教育政策和教育评价标准即可，增加社会其他力量对高校教育活动的参与，提高民众对于教育结果的信任度。所以，针对目前各方主体都认识到了政府应该减少教育评价活动中参与性的问题，政府应该采取一些措施进行改进。能够采取的具体措施主要有以下几个方面。①

一是政府减少具体过程中的行为干预。政府属于高层领导机构，每天日常工作事务繁多，不应纠结于某一问题的细小方面，政府管理的主要对象应该是运行规则，而不是监管教育评价机构和高校本身。政府应该进行的是做好大框架的运行规则的制定，具体的教育评价权力应该给予专业的部门，自己进行间接的监督即可。这样政府的工作精力就能放在更多重要的项目上面，不参与复杂的评价工作也能够避免评价过程中人员的一些不正当行为，提高公民对于政府权威性的信任。另外，如果政府部门担心自己将权力外放之后，会完全失去对高校教育的管理权，可以提前对教育评估流程进行法律规范，也可以对教育评价的结果留有自己解释的权利。

二是为避免第三方评价机构产生不正当的评价行为，扩大对高校进行评价工作的主体。政府部门不仅要对我国高校教育领域进行管理，我们生活中的方方面面都有政府管理的痕迹，所以，政府对高校教育进行评价这一行为是符合其权利规定的，政府肯定是众多高校教育评价主体

---

① 董维佳，宋建军．高等职业教育教学质量管理概论[M]．南京：南京大学出版社，2007：78．

中最重要的一方。随着我国经济形势中社会力量的影响越来越大,教育评价活动中如果没有社会力量的参与也会减少一定信服度。所以,社会力量和公益机构开始对教育领域追加资金投入,也希望能够享受通过高校教育带来一定的利益需要,因此想要保持政府是唯一的教育评价主体的现状是不可能的,只有越来越多的利益主体参与到高校教育活动的过程中,高校教育的效果才能得到普遍提高。既然各方社会力量都已经对高校教育进行了一定的前期投入,在教育管理和教育评价的过程中各主体都应该有一定的决策权力,高校教育所得的结果也应均衡地满足各利益主体的不同需要。所以,政府将教育评价的权力分配给其他机构,给予了社会和企业不断发展的自信心,同时对于自身和其他主体的权力可以给予立法保障,政府既能减轻工作压力又能使评价工作更有效率。

（2）加快高校教育评估法制化进程

如果不将高校教育评价的具体过程以法律条文的方式进行明确规定,机构之间的评价行为就会过于随意化,第三方评价机构的独立地位和权利也得不到合法保护。如果高校的评价标准仅由评估机构制定对于高校不公平,所以政府需要派遣专业学者帮助第三方评价机构制定评价标准,同时将评价标准用法律条文的形式固定下来,减少评价过程中主观性的想法发挥。第三方评价机构身上还有代替政府对高校教育过程进行监督的作用,如果不将这一权利在法律上给予规定,在执行过程中就会缺乏说服力和威信力。如果法律无法保障评价机构评价过程的公正、公开和透明,那么评价活动便会被其他不可预见的势力所影响,只有一切评估行为依靠法律规定进行,社会群众对于评价机构的评估结果才会更加信任。将评价过程法律化可以从以下几方面入手:一是用评价章程规定好评估人员每日的工作内容、工作检查标准、工作范围;二是将评估过程的具体流程以条文形式固定下来,评估人员在进行检测时可以明确照此执行;三是增加对评价过程中边界性行为的界定,减少评价过程中各方力量的摩擦。同时,不能只制定法律、评价政策而不去照做执行,加强对评价法规执行过程中的监督,使评价的法律法规真正有效落实。

当前,我国应该不断丰富教育评价过程中不同流程的法律规定。制定教育评价法规与制定教育评价标准一样,都需要先根据高校的教育专业和课程对高校进行一定的分类,在分类指标的基础上,根据教育层次的不同对高校评价工作进行不同的法律规定,同时要考虑到地方学校的特色化专业和民族课程,对此要进行一部分特殊规定。在制定相关教育评价法规时要考虑到,有从属关系的部门应该用更有针对性的法律去规定,同时不同部门之间应该协作共同完成教育评价过程。制定教育评价法规的部门也需要制定一些补充条例解释具体的法规政策,因为教育法规里面全部都是专业名词,社会民众和工作人员理解起来有一些困难。建立细则化的解释规章后能够减轻评价人员的工作任务,使教育评价工作更具严格性和信任感,也有利于我国教育评价工作取得阶段性的进步。

(3)不断改进高校教育评估方法和评估技术

对一个技术种类进行深入的研究,需要从两方面入手。

首先,是基础知识的学习,而后才是实践手段的练习,如果改进教育第三方评估技术不经过系统的理论知识的学习,技术就是架空的,评价方法在应用过程中会不符合高校的专业要求,评价结果不能反映高校教育的真实水平。我国开始认识到教育的重要性是在西方国家已经在教育领域取得一定进步以后,所以我国对高校教育的评价标准的理解还存在一些不足。但是我国教育历史丰富,与高校教育评估方法相关的其他学科在我国已经有较长的发展历史,我们可以通过阅读教育史料并结合当代各方面力量对教育需求的新趋势建立完备的教育评估方法。

目前我国已经实施的高校教育评价的方法还存在以下几方面不足:一是评价一门专业学科仍然只依据此门学科的相关检验标准。评价一门学科时如果不能结合相关其他专业的质量标准,其评价结果是不全面不专业的,评价应该从多角度和不同主体的需求入手,这样才能检验出该专业的真正教育质量;二是第三方评价机构在招收人员进行评价时,没有严格的人员收录标准,有的新招入的专业检验人员根本不具备此专业的理论知识,已有的检验人员跟不上时代形势改变自己的理念,一直采用最原始的传统检验方案,这对于一些新兴的专业来说是不公平的;三是弄清楚教育过程中的几个利益主体,根据不同主体对于教育结果的需要建立教育评价的标准,因为高校教育本身就是要满足不同群体对于其结果的需要,如果评价标准没有实际意义,那么评估结果也不具备参考性;四是身处于大城市和县城地区的高校同一专业的检验标准也应该不同,因为二者之间本来就存在较大的基础性差距,所以在建立评价标准时,应该对学校所处地域进行一定调查。

其次,要针对具体的评价方向和内容进行规定的详细评价。我国在一开始进行教育评价工作时就提出评价针对的方向和对象要具体,不能对高校教育的整体进行评价,评价工作不细致评价结果就不具备参考性。同时,我国在进行教育评价工作之前还会派专业的技术人员对高校的教育专业数据进行一定统计,以数据为基础制定相应的详细评价方案,在初期采取这样的方式取得了较为可信的评价结果。但是,在进行教育评价活动的过程中,评价人员逐渐发现影响教育过程的因素有很多,许多影响因素带有很大的主观特点,是不能通过数据分析进行控制的,因此,针对初期的教育评价发展来说单纯某一方面的详细教育数据无法真正对评价工作有参考作用。所以,针对无法进行简单量化的教育影响因素采取衡量化的指标,如果这些影响因素是人的主观精神和能力,就可以具体对这一部分人进行分析研究,先确定人的影响能力的最大限度和最小范围,再来进行教育评价数据的统计,这种属于定量性的评估方式,将二者针对的不同方面协调起来能够对教育活动中的因素进行可信任的数据建模。

(4)积极培育独立的中介评估机构

世界各国都在针对本国的高校教育做出不同程度的改变,世界性的进步也为我国建立教育评价体系提供了积极的借鉴作用,要想检验高校教育改革方案是否针对上一次有所提升,就需要对高校教育质量进行评价。经过我国长期的评价活动实践,总结发现可以通过利用法律规定评价过程中各评估主体的行为和评价流程,建立第三方的监督机构来监督评价机构的行为,减轻政府部门对于教育评价过程的干预,能够使对高校的教育检验评价更加科学和专业。其中主要进行评价工作的中介机构可以是政府组织建立的机构,也可以是社会力量组成的私立评价机构,目前还新兴了一种由高校内部教师和专业学者组成的评价机构。但是,无论采取哪种性质的评价机构进行评估都需要确立其独立性地位,确保其运行过程中各项物资和资金储备充足。中介性的评价机构是处于政府和高校之间的部门,其地位的独立性也决定了它是连接二者的桥梁,向政府及时报告高校教育的不足之处,向高校传达政府最新的教育政策理念,通过自身的特殊性质建立起完备的教育质量评价体系。

不能只对教育评价过程的外部进行规定,在内部建设方面也应该进行优化。建立评价队伍时要聘用不同方面的具有专业性的学者和教授,对参与评估的人员在教育水平和职业操守方面进行严格的规定,因为评估的对象本身就是高校,如果评价人员不了解高校内部的基本运行规律和知识教育结构,也无法深入校园内部进行教育测评。针对这种状况,我国应该将行业准入制度延续到教育评价活动中,想要进入专业教育评价机构从业需要考取相应的资格证明,这样才能严格控制评价队伍的平均教育水平。如果不能及时执行这种资格证明制度,教育评价行业会加剧混乱情况,本来评估人员受教育层级并不高,但是因为其从事对高校教育的评价工作,社会上不知情人士就会抬高其身份地位盲目相信其说的话,所以应该建立严格的教育评价行业的准入制度,每隔一段时间对专业评价人员进行审查和培训。

（5）对不同层次的高校实行分类评估

由于目前国家能投入高校的资金数量有限,如果不对高校进行类别的划分,资金就不能有合理的使用方向,高校之间便采取不正当方式去争夺政府的款项,所以政府要做到对于学校内部情况非常了解,可以掌握每笔款项究竟适合于哪类学校。国家在进行改革的过程中意识到了高校分类的重要性,因此建立了专业队伍去各个高校内部考察,了解高校的教育历史,建立分类的标准,这样政府就能够保障资金使用是有效的,同时对高校进行评价的第三方机构也能够加深对高校的了解。目前我国高校教育是由政府和社会共同参与,所开办的学校类型比较多,我国各地区政府对于区域内的学校还会采取不同的政策,所以,如果不及时对高校类型和扶持标准做出统一规定,高校和社会都会产生不满情绪。

对高校进行分类的具体规则要服从国家文件的相关要求和高校内部的具体情况,如果不能将适配的教育资源分配于适合的学校,学校就会因为资金不足不能提供企业所需要的技术人员,学生也得不到公平的受教育环境,学校之间原本的差距就会被越拉越大。对高校进行划分的好处还可以避免高校都向同一种类型发展,那样其他方面的专业就会出现断层,对于这一专业的教学很难再延续下去,在高校分类的前期调查中还可以增加对高校民族特色专业的挖掘,带动学校招生人数的增长等。在高校分类标准制定完毕后,对于理科类院校可以增加试验设备投入,对于文科类院校可以增加藏书投入,各有针对地发挥自己的长处,使学校有更长远的发展前景。

根据学校办学的大小和直属部门层级的不同,对于高校进行划分时需要实地考察,了解不同高校是否有核心特色的教育课程,是否可列为民族特色学校,掌握高校是不是国家采取重点政策去培养的院校,是不是民间力量创办的小型院校等等。如果不考虑学校的大小和教师的能力水平,只考虑学校服务的对象,可以将高校分为职业类和普通教育类,职业类是针对企业的就业缺口,培养具有专业技术的实践型学生,普通教育类的学生学习其他实践性不强的专业。在这个过程中如果政府不能将教育资金均衡地分配于各个学校,只依据办学场地规模来投入资金则会影响高校内部的运行秩序,不能真正发展平等的教育,导致高校之间教育成果会相差较大。

还可以根据学校对某一学科的精深程度、入学学生的文化层次和学校专业设置的类型,将学校分为某学科研究型大学、中等还是高等类的学校、侧重于文科类还是理科类的院校。第一类学校主要是对于一个方面有比较多的学者聚集于此,学校这一学科本身就有历史研究记录,再通过学校的设备室和图书库对这一学科研究比较通透。第二类学校主要是根据学生年龄和文化层次对学生教授基本知识的同时,还要让学生学习技术操作。第三类是根据学校擅长的专业是偏向于哪方面,将处于同一大类中的专业聚集在一起,因为每一个专业想要学得精通都不是只学习一个门类就可以的。对大学进行各种分类并不是要将高校排出贵贱等级,而是增加公众和政府对于大学内部情况的了解,可以根据分类的不同采取不同的评价和管理政策。

将各个高校根据不同的标准建立分类体系对于社会和教育评价机构开展工作来说都十分有利,各个高校之间教育基础、历史文化底蕴和发展方向本就不同,所以不能用相同的评价标准去衡量。对高校教育进行分类也能够促进国家政府对教育工作的有效管理,这样政府就能够根据对高校数据的统计,了解高校教育过程中的设备和资金需要,不会出现重复投入和缺设备却久久得不到解决的现象,能够增加高校对于政府的信赖度。同时根据高校教育分类的不同制定个性化评价标准,使教育评价的结果更具针对性,让高校能够根据评价结果制定自身的教育改进目标和长期建设方案,再结合高校的地区特色,就能形成与其他高校不同的特殊专业,增加在整个行业的教育吸引力。而且,在原来的评价标准下高校之间会不断攀比,最终培养的人都走向了同一种发展方向,各高校在发展的过程中逐渐没有什么区别。对高校进行教育分类能够使高校认清自己的定位,跟自己比较,不断提高自身的教育特色。

(6)将评估结果与财政拨款挂钩

如果不将第三方教育评价机构的评价结果与政府的教育投入资金

相联系,高校在改进教育时就会缺乏动力。高校虽然有政府投入发展资金,但是政府的资金毕竟有限,而且一个地区内高校众多,政府每次拿出来的资金总数是一定的,所以高校如果想要额外发展一些教育项目、引进教育设备也需要自己筹措一部分资金。目前我国高校的经费来源主要有政府专项资金、社会慈善机构捐款和成功企业家的捐款等,在一定程度上丰富了高校资金来源的渠道。对高校内部课程和专业进行改革是一个不断前进的过程,同样也应该将对高校教育质量进行教育评价发展成一个长久的持续的教育行为。也要规划好政府投入资金的时间和数量,高校也要做好资金使用计划,将资金使用过程透明化。而且,在世界其他国家发展教育时都需要先对教育进行投入,投入的部门通常是与教育结果有很大影响的各方群体,他们希望通过为教育投入资金使教育的结果更符合其实际发展的需要。

我国高校更新学校内的教学设备、聘用教授级教师和学校内部行政管理的各项开销资金主要来自政府、教育慈善机构的捐款和企业的项目投入,在这几种资金来源中,政府对学校教育的教育投入是占大部分的,但是就国家每年对各种项目的投资总数来说,对学校的投入只是其中的一小部分,因为目前生产领域是能有效提高国家收入和人民生活水平的部分,所以国家的大部分资金会流入生产部门。在这种情况下如果政府投入学校的资金不能得到有效的利用,高校不能很好地改进教学方式,便会使得教育不能满足社会对于专业人才的需要。所以,高校目前想要发展教育主要可以从两方面入手:一是为自身寻找新的教育改革经费的投入者,二是将有限的资金进行最大限度地使用。目前各国之中只有英国教育资金的使用最有效率,英国建立的资金使用制度具有很高的实用价值,其政府设立两个教育管理机构,针对学校教育类型的不同,投入不同的教育款项,其核心理念就是将涉及资金的项目根据一定标准分配到不同部门去管理,减少过程中的成本。

(二)质量评估管理与高校德育工作的开展

1.充分利用毕业生质量追踪

高校应该保证合格的毕业生质量,首要的就是保证合格的德育素质,为劳动力市场提供合格的人才,而高校更需要劳动力市场对高校毕业生质量进行有效检验和及时反馈,以便不断完善高校教育教学生产,从而为劳动力市场提供更多更好的人才,促进社会发展。而高校德育教育质量如何提升,全面质量管理理论带来了思考和启示。

全面质量管理强调全面性和全程性,因而,毕业生质量追踪应是高校教育质量管理所不容忽视的重要组成部分。各高校需要充分利用毕业生质量追踪的反馈信息,形成毕业生质量追踪与教育质量的互动:首先,各高校需要树立高等教育全面质量管理的认识,增强质量追踪意识;其次,与校友及其所在单位建立长期稳定的联系,定期进行调查,充分挖掘毕业生质量信息资源,建立信息库;再次,及时有效地将调查结果反馈给教务处、学生处等部门和从事德育教育工作的教师,为德育教育改革提供及时、确切的依据,进一步调整和完善课程设置、教学内容与形式等,从而提升教育质量,提高毕业生的德育素质。

2. 优化德育教育评价标准

质量的主观与客观、显性与隐性、动态与静态等特点决定了质量评价的复杂性,管理学中对质量的评价往往呈现出定性评价与定量评价相结合、横向评价与纵向评价相结合、总结性评价与指导性评价相结合、结果性评价与过程性评价相结合的特点,由于德育教育的独特属性,对其质量的评价注定更加困难和复杂。对德育教育质量的评价可从以下三个方面展开:第一,效果评价。效果即德育教育活动的结果对德育教育目标的达成状况,这是德育教育质量最直观的表现,也是德育教育质量评价的起点。第二,效率评价。效率是德育教育活动中投入和产出的关系状况,这是德育教育质量评价的关键。第三,效益评价。效益是德育教育活动对受教育者思想影响的程度,主要表现为时间上的持久性。在德育教育质量评价中需要注意以下问题:一是评价主体要体现多元性,即德育教育质量评价的主体不能局限于教育者、受教育者、高校、教育主管部门等德育教育"利益相关者"之中,要注重引入"第三方"的评价,如组织间的相互评价、民间专业评估机构评价等。二是评价指标要体现多维性。德育教育是一项系统的灵魂工程,评价的指标具有多维性,如对于高校德育课的评价应构建"发展性学生评价体系、发展性教师评价体系、支持保障评价体系、满意度评价体系"多维系统。三是评价过程要体现动态性。这里的动态性具有两层含义,一方面是德育教育质量评价是教育者、受教育者、评价者之间多向互动性的评价;另一方面思想政治教育质量评价具有无限循环性的特点,评价的结束是另一个质量提升过程的开始。

二、图书馆管理与高校德育

(一)高校图书馆的信息化管理

信息技术应用于图书馆管理和服务后,人类经历了"互联网革命",网络环境和信息环境发生了翻天覆地的变化。同时,图书馆作为文献信息中心,服务于社会,主要服务于读者。它的基本功能是直接或间接满足读者的需要。

1. 图书馆主要的信息资源及其组织管理研究

(1)书目信息的数据库建设

无论提供者的数据资源如何,都必须看到并使用其价值。如何提高资源消耗,让读者更容易找到,是我们在组织和管理资源时首先需要考虑的事情之一。

书目数据的处理也是重要之处。实践经验告诉我们,建立书目信息数据库能极大地提高检索效率,帮助我们节省更多时间和精力。想要创建书目信息数据库,可以采取多种渠道和方式,具体可看以下分析:

其一,自己创建;其二,投入一定经济成本,去购买标准书目数据套录;其三,将以上两种方式结合起来,利用购买的标准书目数据套录,去琢磨、创建出一套完整的数据库系统。

购买副本有标准参考书目。一些图书馆现在还"在线"提供书目数据集。这些形式中的每一种在某些应用中都有其自身的优点和缺点。使用复制方法的主要优点是数据集中的数据相当标准化,并且可以更方便地搜索。这一优点固然能够提高搭建效率,却也不可避免地拖累了速度。在经过一系列的准备工作后,我们才能投入到细致、具体的搭建工作中去,这无疑是一个漫长的过程,中途可能还会遇到很多困难,唯有逐一攻破,才能创建出一套效果斐然、符合预期的数据库系统。使用自主开发的方法的优点是速度控制的设计更加灵活,但缺点是在施工过程中缺乏严格的标准和方案。因此,输入数据的质量通常难以保证。

（2）对电子文献的组织管理

随着信息网络的不断发展,电子文档在文化发展中的地位越来越重要。

一是明确电子文档的计量标准。电子文档与传统文档的主要区别在于媒体,大多数传统文件都是纸质文件。虽然电子文档具有电、磁和光的形式,但在电子文档的组织和管理中需要解决的问题是计算标准。不管是数据源的提供者作为差异标准还是内容,资源都是差异标准,没有统一的做法。

二是分类编目。电子文档在存储介质上有所不同,但就内容而言,它就像传统文件一样,也必须根据某些特征进行分类和管理。我们在实践中需要特别注意的是文档的完整性,分别存储在多种介质上时,应当按照丛书编册的方式进行。如果存储介质上有多个不同且完整的文档,可以对其进行分编,方便查找。

三是存放管理。电子文档虽然比传统纸质文档更便于携带,但文档保存管理相当严格。

2.图书馆信息资源建设研究

现代信息资源建设可分为宏观和微观两个不同层次,下面分别进行讨论。

（1）宏观层次的信息资源建设

宏观层面的信息资源创造是一项战略性建设。通常,相关政府部门会使用必要的经济、法律和行政手段,并在宏观层面应用国家相关的指导方针、规则和法规来组织和协调信息的生产、开发和使用,确保信息在符合宏观管理目标、不损害国家信息主权和指导方针的前提下最有意义和最高效地开发。因此,数据安全是宏观层面的主要任务。

第一,研究和开发用于创建现代信息源的指南、手册、工作计划和策略。以便可以按照国家的单一方法组织现代信息资源的创建。信息资源可以与社会发展同步开发和利用,以满足人们经济社会发展的普遍需要。

第二,研究制定法律、法规、规章,创建现代信息资源,建立管理体系,保障现代信息资源建设。依法依规设计现代信息资源建设,使信息的生产和发展得到最充分、快速、高效的利用。

第三,在领域、层次和制度上广泛运用经济、法律和行政手段,明确自己的责任、权益；在平等互利的基础上开发和利用现代信息资源，共同创造和共享资源。

第四，建设国家信息网络基础设施，为现代信息资源的创建提供特殊的硬件环境。

（2）微观层次的信息资源建设

微观层次的信息资源建设一般指的是信息机构、大专院校、政府各部门、企业、农村等基层具体组织负责实施的单位。其主要任务是根据所面向对象的各类人员对信息的需求，合理组织和开发利用现代信息资源，向他们提供有价值的现代信息资源。因此，微观层次的基本任务是：

第一，调查了解所面向对象人员对信息需求的情况，研究制定现代信息资源建设方案，以最大限度地满足不同人员的信息需求。

第二，选择适用信息技术，建设内部信息系统和网络，确定信息加工处理、存贮、检索，使得内部信息得到支撑与保障。

第三，对现代信息资源建设的成效进行评价，为改善现代信息资源的建设和开发利用提供依据。

（二）图书馆管理与高校德育工作的开展

德育教育的功能体现主要是通过两种方式，自主的方式和互助的方式。在图书馆范围内提供相应的环境，邀请专业的人员，开展德育教育工作促进学生培养更加积极的、乐观向上的人生心态。

1. 开展多种的读者服务工作

从多个方面开展高校图书馆的读者服务的工作，如在图书馆设立专门的心理咨询中心，请专业的老师为学生们排忧解难，解决更多的烦恼和忧愁。相对于其他的环境，图书馆安逸、整洁的环境更适于让学生放松身心，敞开心扉地进行交流。德育教育的最终目的是育人，正确的世界观、人生观和价值观能够激励和引导学生向着更加正确的方向迈进。正确的人生态度和理想信念能够帮助学生树立强大的内心世界，正确地处理好个人和他人之间的关系，从而在进入社会应对各种人际交往中出现的各种问题。

2. 利用信息化的服务平台开展心理咨询

对于不同性格特点的学生就应该采取不同的思想政治教育的方法，对于外向型的学生可以采取一对一的心理咨询和沟通，而对于内向型的学生就应该利用多种的传播媒介来帮助学生排解忧愁，信息化就给高校德育教育工作带来了更多的方便和实惠。通过贴吧回复、微博留言、微信留言、发送邮件等方式让学生以可靠的私密性的方式进行匿名式的心理咨询，在图书馆的网站平台上进行学生之间的沟通，了解学生的真实想法和内心世界。

参考文献

[1] 陈优生,李引枝.以德育人 以文化人 民办高校立德树人创新与实践 [M].广州:暨南大学出版社,2015.

[2] 楚龙强.新时代研究生立德树人的理论创新与实践发展 [M].武汉:武汉大学出版社,2019.

[3] 李浩泉.以学生为主体的立德树人实践 [M].北京:光明日报出版社,2018.

[4] 刘海燕.中小学教师立德树人教育行动指南 [M].长春:东北师范大学出版社,2017.

[5] 马利强.立德树人视域下高校人文素质教育研究 [M].北京工业大学出版社有限责任公司,2019.

[6] 明刚.教师如何立德树人 [M].北京:中国轻工业出版社,2015.

[7] 田俊收.中等职业院校立德树人系列教材 心理健康素养 [M].北京:冶金工业出版社,2017.

[8] 万金城,赵阳子.立德树人 筑梦成才 [M].北京:知识产权出版社,2019.

[9] 肖华.应用型本科高校立德树人探索 [M].苏州:苏州大学出版社,2014.

[10] 熊艳,陈永清,孙岩.立德树人视野下的学校教育 [M].长春:吉林科学技术出版社,2019.

[11] 叶燊.立德树人 [M].北京:光明日报出版社,2019.

[12] 于乐.落实立德树人根本任务 探索网络育人新途径 [M].成都:电子科技大学出版社,2016.

[13] 张昌山,周学斌.成长之道 立德与树人 [M].昆明:云南大学出版社,2015.

[14] 张剑 . 立德树人 [M]. 北京：教育科学出版社,2014.

[15] 朱美燕 . 立德树人高校生活德育实践 [M]. 上海：上海交通大学出版社,2019.

[16] 白玉 . 新时代高校思想政治教育立德树人使命研究 [D]. 咸阳：陕西科技大学,2020.

[17] 曹娜,田程程,周彦波,等 . 高校科研团队立德树人育人机制与举措探究 [J]. 教育教学论坛,2023（3）：135–138.

[18] 陈东梅,郝平 . 高校党建工作与立德树人 "365" 协同育人模式研究 [J]. 才智,2023（5）：64–67.

[19] 陈旻,李燊 . 新时代高校立德树人 "四位一体" 落实机制的整体构建探析 [J]. 北京联合大学学报,2023,37（1）：13–17.

[20] 陈琪 . 新时代高校立德树人的四重逻辑 [J]. 教育理论与实践,2023,43（3）：3–6.

[21] 陈阳阳 . 立德树人视阈下高校校园文化建设研究 [D]. 西安：西安理工大学,2020.

[22] 陈莹 . 新时代高校落实立德树人根本任务的路径创新研究 [D]. 长沙：长沙理工大学,2020.

[23] 代均佳 . 孔子仁学思想及其对新时代高校 "立德树人" 教育的启示 [D]. 延边：延边大学,2022.

[24] 方其伟 . 新时代高校落实立德树人根本任务的路径研究 [D]. 成都：西华大学,2022.

[25] 方素清 . 高校落实立德树人根本任务协同机制研究 [D]. 成都：电子科技大学,2022.

[26] 高琼 . 新疆高校大学生践行立德树人根本任务的路径研究 [D]. 乌鲁木齐：新疆大学,2020.

[27] 苟建强 . 基于立德树人的高校 "三全育人" 路径研究 [D]. 重庆：重庆工商大学,2020.

[28] 黄娟 . 新时代高校立德树人落实机制研究 [D]. 西安：陕西师范大学,2021.

[29] 黄馨 . 立德树人视角下高校啦啦操的教育价值研究 [D]. 武汉：武汉体育学院,2021.

[30] 黄亚琪 . 底线思维在新时代高校立德树人实践中的运用研究 [D]. 合肥：合肥工业大学,2021.

[31] 解萌. 以习近平法治思想推进落实高校立德树人根本任务的路径思考 [J]. 教育理论与实践, 2022, 42（36）: 31-34.

[32] 李卉菁. 新时代美育对高校立德树人的价值探析 [J]. 经济师, 2023（1）: 243-244.

[33] 李慧敏. 立德树人视角下提升高校思想政治工作质量的路径探究 [D]. 镇江: 江苏大学, 2021.

[34] 李丽君. 高校立德树人的伦理意蕴研究 [D]. 南昌: 江西师范大学, 2021.

[35] 李楠. 立德树人视角下高校资助育人体系的构建研究 [J]. 无锡职业技术学院学报, 2023, 22（1）: 24-27+34.

[36] 李茹蕾. 习近平关于立德树人重要论述的研究 [D]. 杭州: 浙江大学, 2020.

[37] 李姗姗. 立德树人视域下陕西民办高校大学精神培育研究 [D]. 西安: 西安科技大学, 2021.

[38] 李思华. 习近平高校立德树人思想研究 [D]. 沈阳: 沈阳工业大学, 2020.

[39] 刘庆超. 立德树人背景下河南省普通高校公共体育教学软环境评价指标体系构建研究 [D]. 郑州: 河南大学, 2022.

[40] 刘燕蓉. 新时代高校落实"立德树人"根本任务现状调研——以江西科技师范大学为例 [J]. 才智, 2023（6）: 76-79.

[41] 龙雪梅. "TAVE" 循环模型视角下高校学生党建工作与立德树人融合探析 [J]. 山东商业职业技术学院学报, 2023, 23（1）: 30-33.

[42] 罗陈成. 高校立德树人的对策研究 [D]. 湘潭: 湘潭大学, 2020.

[43] 马伟鹏. 新时代青海高校立德树人实现路径研究 [D]. 西宁: 青海大学, 2020.

[44] 普国嵘. 高校师范生立德树人教育研究 [D]. 沈阳: 东北师范大学, 2020.

[45] 曲静. 立德树人视域下高校数学学科学生综合评价体系研究 [J]. 湖北开放职业学院学报, 2023, 36（1）: 35-36+39.

[46] 沈瑞芳. 新时代构建高校立德树人共同体的价值逻辑和实践逻辑 [J]. 扬州大学学报（高教研究版）, 2023, 27（1）: 21-28.

[47] 石如华. 新时代高校辅导员落实立德树人的路径研究 [D]. 太原: 山西财经大学, 2021.

[48] 司潇敏 . 习近平关于立德树人重要论述及其高校实践研究 [D].
济南：山东大学, 2020.

[49] 苏建贤 . 立德树人背景下高校思想政治教育与学生管理协同
育人研究 [J]. 鄂州大学学报, 2023, 30（1）：17–19+28.

[50] 孙硕 . 立德树人视域下河北省高校足球选项课教学模式优化
研究 [D]. 秦皇岛：燕山大学, 2021.

[51] 孙天尧 . 大学公共体育课程落实立德树人根本任务的协同路
径研究 [D]. 沈阳：东北师范大学, 2020.

[52] 孙晓惠 . 立德树人理念融入高校思想政治教育过程研究 [D].
哈尔滨：东北农业大学, 2020.

[53] 汪青林 . 高校辅导员立德树人的核心能力提升研究 [D]. 成都：
四川师范大学, 2021.

[54] 王素红 . 红色档案视角下高校立德树人的传承与创新研究 [J].
才智, 2023（4）：162–164.

[55] 王晓甜 . 立德树人视域下高校人才素质培育的现状及其对策
研究 [D]. 太原：中北大学, 2022.

[56] 王阳 . 立德树人理念下高校思想政治教育研究 [D]. 泰安：山东
农业大学, 2022.

[57] 吴勇园 . 立德树人根本任务下高校质量文化内涵建设研究 [D].
哈尔滨：黑龙江大学, 2021.

[58] 肖冬梅 . 立德树人视域下高校"课程思政"建设研究 [D]. 成都：
成都理工大学, 2021.

[59] 徐子珺 . 高校思政课作为立德树人关键课程研究 [D]. 济南：山
东建筑大学, 2022.

[60] 许佳慧, 杨震 . 胡杨精神在高校立德树人的价值研究 [J]. 边疆
经济与文化, 2023（1）：116–120.

[61] 许相媛 . 党的二十大精神融入高校立德树人根本任务的路径
探析 [J]. 天津职业院校联合学报, 2023, 25（1）：7–11.

[62] 闫晓瑞, 吴舒婷 . 立德树人根本任务下提升高校资助育人实效
的策略探究 [J]. 重庆电力高等专科学校学报, 2022, 27（6）：71–74.

[63] 杨琳 . 立德树人视角下山西省高校公共体育课教学德育渗透
的现状研究 [D]. 太原：山西师范大学, 2020.

[64] 叶钦, 陈小杰 . 逆向参与视角下高校立德树人的创新路径探究

[J]. 湖北开放职业学院学报, 2023, 36 (1): 11-13.

[65] 尹传忠, 王爱祥. 立德树人视域下高校辅导员育人能力提升策略探究 [J]. 现代职业教育, 2023 (4): 73-76.

[66] 翟绎杰. 中华优秀传统文化运用于高校立德树人的实践研究 [D]. 海口: 海南大学, 2022.

[67] 张洁. 立德树人视域下高校弘扬延安精神的时代价值研究 [D]. 西安: 西安建筑科技大学, 2022.

[68] 张磊. 普通高校落实立德树人问题及策略研究 [D]. 大庆: 东北石油大学, 2021.

[69] 张美玲. 高校落实 "立德树人" 根本任务的现实问题及对策研究 [D]. 大连: 辽宁师范大学, 2020.

[70] 张志勇. 立德树人视域下高校加强国防教育的路径 [J]. 辽宁工业大学学报(社会科学版), 2023, 25 (1): 83-86.

[71] 赵洁. 习近平 "立德树人" 教育观研究 [D]. 乌鲁木齐: 新疆师范大学, 2021.

[72] 赵丽. "立德树人" 视角下高校体育教学中思政教育路径研究 [D]. 湘潭: 湖南科技大学, 2021.

[73] 赵娅倩. 中华优秀传统文化融入高校立德树人的路径研究 [D]. 太原: 山西财经大学, 2021.

[74] 周敏. 习近平总书记关于立德树人的重要论述研究 [D]. 南京: 南京师范大学, 2021.

[75] 周子朝. 立德树人视角下的高校资助育人工作——以 A 校为例 [J]. 成才与就业, 2022 (S1): 16-20.